FELIX VON CUBE
BERGSTEIGER, NATURFORSCHER, ARZT

ALPINE KLASSIKER
BAND XVI

Dr. Felix von Cube im 87. Lebensjahr in seinem Haus in Stuttgart-Heslach. Diese Aufnahme entstand sechs Wochen vor seinem Tod.

FELIX VON CUBE

BERGSTEIGER, NATURFORSCHER, ARZT

Bearbeitet von Hans Schymik

Herausgegeben
vom
Deutschen Alpenverein

VERLAG J. BERG

Umschlagbild: Dr. Felix von Cube vor seinem Zelt auf der Bergerie Ballone (Korsika, 1904)

CIP-Titelaufnahme der Deutschen Bibliothek

Felix von Cube:
Bergsteiger, Naturforscher, Arzt. Hrsg. vom Dt. Alpenverein [Bearbeitet von Hans Schymik] - Neuausg. München: Verlag J. Berg, 1992
(Alpine Klassiker; Bd. 16)
ISBN 3-7634-1032-5
NE: von Cube, Felix: [Sammlung]; Schymik, Hans [Bearb.]; GT; HST

Satz: Fotosatz E. Mocker, Eichenau b. München
Druck und Bindung: Kösel, Kempten
Printed in Germany
ISBN 3-7634-1032-5

INHALTSÜBERSICHT

FELIX VON CUBE – ER LEHRTE MIT HEITEREM HERZEN ZU LEBEN

Ein Porträt von Hans Schymik

Zu seinem 87. Geburtstag am 30. November 1963 erhielt Dr. med. Felix von Cube von einem Freund der Familie eine Glückwunschkarte, die durch zwei Fotografien besonders auffiel. Man erkannte auf dem einen Bild die Paglia Orba, die Königin der korsischen Berge, und auf dem anderen die Hornbachkette in den Allgäuer Alpen. Damit wurden die beiden Gebiete aufgezeigt, denen sich von Cube als einer der Pioniere des Bergsteigens besonders gewidmet hat. Einige Tage nach seinem Geburtstag hielt er die Zeitschrift „Der Bergsteiger" in den Händen und freute sich über den Artikel „Die Berge Korsikas – einst, heute und morgen" und die veröffentlichten Fotos, die er damals um die Zeit der Jahrhundertwende auf Korsika aufgenommen hatte.

In seinem letzten Brief konnte man noch kein Anzeichen erkennen, daß Felix von Cube rund sechs Wochen danach nicht mehr unter den Lebenden weilen sollte. Am 27. Januar 1964 starb er. Ein fröhliches Menschenherz hatte aufgehört zu schlagen. Vier Tage später nahm man auf dem Friedhof in Stuttgart-Heslach Abschied von einer Persönlichkeit, die weit über die Grenzen Deutschlands hinaus bekannt geworden war und deren Namen für viele Menschen unvergeßlich bleiben wird. Sogar von den Gestaden des Mittelmeeres, wo die Winter milde sind und wo die Blütenpracht die Menschen fröhlich stimmt, war für den Freund der Natur ein letzter Blumengruß angekommen. Ein persönlicher Wunsch des Verstorbe-

nen konnte dadurch erfüllt werden: Ein Kranz voller Anemonen schmückte sein Grab.

Felix von Cube verbrachte einen Teil seiner Jugend an der Côte d'Azur. Im heutigen „Hôtel de Ville" in Menton, das wegen seiner künstlerischen Gestaltung durch Jean Cocteau bekannt geworden war, erblickte Felix von Cube am 30. November 1876 das Licht der Welt. Sein Vater, ein Facharzt für Lungenkrankheiten, betreute in diesem Hause seine Patienten. Die Familie weilte aber nur während der Wintermonate an der Riviera. Den Sommer verbrachte sie im eigenen Landhaus am Tegernsee.

Zwei schöne, vielleicht sogar die schönsten Landschaften Europas waren Felix von Cubes Heimat gewesen und erweckten seine große Liebe zur Natur. Dort wo die Blüten in verschwenderischer Pracht und Herrlichkeit ihren Zauber entfalten, ist auch in der Tierwelt alles voller Leben: Schmetterlinge, Käfer, Bienen und andere Insekten tummeln sich in großer Zahl zwischen der üppigen Flora. Die Fauna hatte den jungen Cube so sehr in ihren Bann gezogen, daß er schon frühzeitig ihren Geheimnissen nachging. In seiner Studienzeit verfaßte er bereits eine Schrift über Schmetterlinge, vor allem über Nachtfalter, und eine weitere über den Köderfang mit Käfern in Menton, die veröffentlicht wurde. Prof. Hertwig war auf den Kenner und Sammler aufmerksam geworden und erteilte ihm den Auftrag, auf Korsika Heuschrecken zu fangen. Dieser Auftrag war vermutlich einer der Gründe für Cubes erste Korsika-Expedition im Jahre 1899. Auch später, als Felix von Cube bereits seinen Beruf als Arzt ausübte, beschäftigte er sich in seiner Freizeit mit den Lebewesen in Wald und Flur. Auf Wunsch des Entomologischen Vereins in Stuttgart übernahm er im Jahre 1913 die Überarbeitung der württembergischen Fauna. So wurde Felix von Cube ein Fachmann auf diesem Gebiet. Seine Arbeiten fanden nicht nur Beachtung, sondern auch bleibende Anerkennung. Noch heute trägt eine Schmetterlingsart, das „Cube-C", seinen Namen.

Der Bergsteiger

Wohl hatte Cube mit seinem Vater schon manchen Gipfel der Alpes maritimes *erstiegen, die Bayrischen Voralpen kennengelernt; die große alpine Sturm- und Drangzeit begann aber erst, als er im Wintersemester 1897/98 dem Akademischen Alpenverein München beitrat. In diesem exklusiven Kreis waren die extremen Kletterer der Isarstadt vereint. Hier fand Cube seine Kameraden, mit denen er auszog, um einen Teil der Ostalpen zu erschließen und neue Wege zu manchem verlockenden Gipfel zu suchen. Am Wochenende waren sie oft im Wilden Kaiser, im Karwendel, und wenn es sein mußte, fuhren sie sogar mit dem Fahrrad ins Lechtal hinein.*

Von den Pyrenäen bis zu den Dolomiten lernte Felix von Cube mit verschiedenen Begleitern, die er alle namentlich in seinen Tagebüchern erwähnt, 14 Berggruppen kennen. Nach einer von ihm aufgestellten Statistik hat er in der Zeit von 1895 bis zum Herbst 1904 insgesamt 262 Gipfel erstiegen und 60 Übergänge ausgeführt. Unter diesen Touren sind allein 30 Erstbegehungen in den Alpen und 17 auf der Mittelmeerinsel Korsika.

Cubes Lieblingsgebiet war die Hornbachkette, die man vom höchsten Gipfel der Allgäuer Alpen, dem Großen Krottenkopf, so schön überblicken kann. Er wurde damals zum besten Kenner der Hornbachkette, wie sich aus seiner Monographie über dieses Gebiet, die er für die „Zeitschrift des Deutschen und Österreichischen Alpenvereines“, verfaßte und die im Jahre 1904 veröffentlicht wurde, ersehen läßt. Noch im hohen Alter sprach er begeistert von den Bergen rund um die Hermann-von-Barth-Hütte. Für sie hat er den Plan entworfen, und so war es ein schöner Höhepunkt seiner Erschließungstätigkeit, als das Schutzhaus am 16. August 1900 eingeweiht wurde. Cubes Tagebücher aus jener Zeit sind ein Stück Geschichte aus der Pionierzeit des Bergsteigens. Es ist erstaunlich, mit welcher Genauigkeit Felix von Cube jede Bergfahrt beschrieben hat.

1900

17. August. 168–170.) Balschtesattel – Noppenspitze (2596 m) – Balschtesattel.

Begleiter: Rosenplänter.

Zeiten:	Barth-Hütte ab	9^{15}
	Hirtenhütte im Balschtekar	10^{15}–10^{25}
	Balschtesattel	10^{55}–11^{15}
	Rast i. oberen Noppenkar	12^{05}–12^{35}
	Einstieg	1^{00}
	Noppenspitze	1^{55}–2^{30}
	Ausstieg	3^{10}
	Rast an der Quelle	3^{35}–4^{30}
	Balschtesattel	5^{05}–5^{15}
	Elbigenalp	6^{30}

Außerdem fertigte er Anstiegsskizzen an, und Höhenberechnungen fehlten ebensowenig wie fotografische Aufnahmen. Seine Bleistift- und Federzeichnungen müssen besonders erwähnt werden. Es ist erstaunlich, daß ein Mann, der mit Kühnheit und Entschlossenheit Felswände und Grate erstieg, zugleich auch mit feinen Strichen eine Landschaft voller Leben aufs Papier zaubern konnte.

I.
II.
Urbeleskarspitze I.) von Norden, II.) von der Schwarzenscharte

Der Korsikapionier

Auf Korsika, der Insel aus Duft und Farbe, in einer traumhaft schönen und wilden Bergwelt, konnte Felix von Cube wie er selbst sagt, seine „größten bergsteigerischen Erfolge" verzeichnen. Bereits 1899 betrat er mit Leonardus L. Kleintjes zum ersten Mal das unberührte Naturparadies im Landesinnern. Während der drei Expeditionen (1899, 1902 und 1904) konnte Cube mit seinen Begleitern 38 Gipfel der Berge Korsikas ersteigen. Von den 17 Neutouren verdienen die zum ersten Male erstiegenen Gipfel besondere Erwähnung und vor allem auch diejenigen, deren Besteigung heute noch mit Schwierigkeiten verbunden ist: die Punta Minuta (2556 m), der Capu Larghia (2520 m) und der Capu Tafunatu (2335 m), dessen Nordostgipfel von Norden gesehen wie ein schlanker Page neben der „Königin der korsischen Berge", der Paglia Orba, steht.

Die gezeichneten Karten des Cinto-Massivs, die Cube anfertigte, und seine Berichte über die Bergtouren in dieser Region und in der Rotondo-Gruppe waren bis in die 60er Jahre die einzigen guten Unterlagen für die weitere Erschließung der Berge Korsikas. Cubes Aufnahmen bieten faszinierende Anblicke von einer wilden, einsamen Bergwelt, wie man sie sich schöner kaum vorstellen kann. Sehr eindrucksvoll sind auch die Motive aus den Dörfern und von den Bewohnern, die heute einen hohen dokumentarischen Wert haben.

Trotz seiner zahlreichen Erfolge mochte Felix von Cube nie so recht im Vordergrund stehen, wenngleich er der Initiator und die treibende Kraft aller Unternehmungen war. In seinen Berichten spricht er immer wieder von „wir", das „ich" sucht man beinahe vergeblich.

Sein Medizinstudium beendete Cube mit einer Arbeit „Über einen Fall von Hirnabszeß mit sekundärer Meningitis nach operiertem Empyem der Pleurahöhle“ und promovierte am 25. Oktober 1902 zum Doktor der Medizin. Die alpine Sturm- und Drangzeit war endgültig vorbei, als er im Jahre 1906 München verließ, um sich als Facharzt für Haut- und Harnkrankheiten in Stuttgart niederzulassen. Vielleicht durfte Felix von Cube damals auch keine Hochtouren mehr durchführen, da er bereits im Oktober 1900 eine akute Herz-Dilatation erlitt. Trotz des Verbots von seiten seines Arztes war er jedoch nach kurzer Zeit wieder aktiv und führte dadurch eine Verschlechterung seines Gesundheitszustandes herbei. Durch späteres Maßhalten meisterte er jedoch diese gesundheitlichen Schwierigkeiten und erreichte dennoch ein sehr hohes Alter.

Der Arzt und musische Mensch

Nach der Eröffnung einer eigenen Praxis in Stuttgart widmete sich von Cube voller Verantwortungsbewußtsein seinem Beruf als Arzt. Während des Zweiten Weltkriegs war er noch im Alter von über 70 Jahren als Bunkerarzt in Stuttgart tätig. Und auch nach dem Krieg betreute er weiterhin einen kleinen Kreis von Patienten in seinem Heim am Lerchenrain in Stuttgart-Heslach. Seine Liebe zur Natur bewahrte er sich bis zum letzten Tag seines Lebens. Es hatte ihm immer eine große Freude bereitet, wenn er mit seinen Kindern in den nahen Wald hinauswandern konnte, um ihnen die Wunder der Natur zu zeigen. Aufmerksam beobachteten die Kinder ihren Vater, wie er den großen, schwarzen Regenschirm öff-

nete, an den Ast eines Strauches hängte und mit einem Stock die darüberliegenden Äste schüttelte. Was da alles in den Schirm hineinfiel! Cubes anschauliche Erzählungen über das Leben der Käfer, Raupen und Spinnen waren für die Kinder spannende Erlebnisse.

Seine Liebe zur Kammermusik brachte Felix von Cube am Abend Entspannung und Freude, wenn er am Klavier saß oder sein Cello in die Hand nahm. Später, als er älter wurde, war er nur noch stiller Zuhörer und Genießer der Musik. Seine Kinder haben die Liebe zur Kammermusik übernommen, und so hörte man im trauten Heim Werke von Beethoven, Bach, Händel und Mozart. Und so war es naheliegend, daß das Stuttgarter Jugend-Kammerorchester unter der Leitung von Frau Azone von Cube, einer Tochter, bei der Einweihung der Gedenktafel in den korsischen Bergen die Feier mit festlicher Musik umrahmte, desgleichen bei der Feier zum 100. Geburtstag von Dr. Felix von Cube im Jahre 1976.

Alle, die mit Cube zusammenkommen durften, staunten immer wieder über sein umfangreiches Wissen auf vielen Gebieten. Seine geistige Beweglichkeit, sein Wissen und Können machten ihn zu einer Persönlichkeit, wie sie in ihrer Vielseitigkeit im Zeitalter des Expertentums und der Computer immer seltener werden. In seinem langen Leben von fast neunzig Jahren mußte er zwei Weltkriege mit ihren verheerenden Folgen miterleben. Durch seine hervorragenden französischen Sprachkenntnisse konnte jedoch Cube vor allem nach dem Zweiten Weltkrieg bei der französischen Besatzungsmacht vorstellig werden und so manche Erleichterung für die Bewohner von Stuttgart-Heslach erreichen. In all diesen schweren Zeiten verlor er niemals seinen Humor und seine Fröhlichkeit. Sein heiteres Wesen übertrug sich auch auf seine

Umgebung und durch seine liebevolle Art fand er den Weg zu den Herzen seiner Mitmenschen: Er lehrte mit heiterem Herzen zu leben!

Die letzten Jahre seines Lebens

Nach einer schweren Operation im Jahre 1962 war es Cube als Arzt bekannt, daß sein Leben nur noch von kurzer Dauer sein konnte. Eine vollständige Genesung war nicht mehr möglich. Bis zuletzt konnte er sich ärztlich noch selbst versorgen und benötigte keine Hilfe eines Berufskollegen. Auch in dieser Zeit strahlte er eine innere Zufriedenheit, ja Fröhlichkeit aus.

1962 gab es für Felix von Cube ein besonders freudiges Ereignis. Er, der sich bis zum Schluß mit den Bergen verbunden fühlte, durfte das Ehrenzeichen für eine 70jährige Mitgliedschaft beim Deutschen Alpenverein entgegennehmen.

In den letzten Lebensjahren bedeutete es für Cube stets eine große Freude, wenn Bergsteiger der jüngeren Generation den Weg zu ihm suchten und von ihren Bergfahrten auf Korsika und in der Hornbachkette berichteten. So etwa Eugen Hahn aus Stuttgart-Untertürkheim, der unter anderem in der Festausgabe der Sektion Stuttgart zur Hauptversammlung des Deutschen Alpenvereins 1952 in Stuttgart ausführlich über eine eigene Kundfahrt im Cinto-Massiv auf Korsika berichtete.

Michel Fabrikant, der Verfasser der Tourenführer über die Bergwelt Korsikas in französischer Sprache, war ein besonders gern gesehener Gast. Es fehlte auch nicht Werner Krah aus Karlsruhe, der mit seinen Kameraden schwerste Kletterrouten in allen Berggruppen auf der Insel der Schönheit eröffnet hat.

Auch der Bearbeiter dieses Buches traf einige Male mit Felix von Cube zusammen. Schon vom ersten Händedruck an waren wir Freunde! Seine Briefe sind für mich der kostbarste Schatz in meinem umfangreichen Korsika-Archiv. Man hat im Leben zahlreiche Begegnungen mit interessanten Persönlichkeiten, doch die mit Dr. Felix von Cube hat mich am tiefsten beeindruckt.

Wer Gelegenheit hatte, mit dem Pionier der Berge Korsikas zu sprechen, der kann diese Stunden der Begegnung niemals vergessen. Man lauschte aufmerksam seinen Erzählungen und kam danach stets zu dem Schluß, daß die jüngere Bergsteigergeneration die Alpinisten von gestern nicht ganz vergessen, sondern die Gespräche mit ihnen direkt suchen sollte.

Franz Nieberl sagte einmal zu uns Teilnehmern eines Lehrwartkurses des Deutschen Alpenvereins im Stripsenjochhaus: „Es ist eine Gnade, wenn man im hohen Alter von über 80 Jahren noch in den Bergen sein kann!" Felix von Cube war dieses Glück leider nicht vergönnt. Aus den Begegnungen mit ihm war jedoch klar erkennbar, daß ihm jedes Gespräch über das Thema „Berge" stets sehr willkommen war. Unvergeßlich bleibt mir auch das letzte Zusammentreffen mit ihm, bei dem ich ihn kurz vor seinem Tode noch einmal fotografieren konnte.

Am 27. Januar 1964 starb Felix von Cube. Die Angehörigen und ein kleiner Kreis von Freunden und Bergsteigern begleiteten ihn vier Tage darauf zur letzten Ruhestätte auf dem Friedhof von Stuttgart-Heslach.

Die Punta Minuta (2556 m) mit ihrem Nordgrat.
Die erste Ersteigung des Hauptgipfels gelang L. L. Kleintjes und Felix von Cube am 14. August 1899.
Der Nordgrat wurde erst am 20. Mai 1932 durch Walter Amstutz und Walter Risch zum ersten Mal begangen.

Der Pic von Cube (2247 m), gesehen vom oberen Plateau von Stagnu. Während Felix von Cube laut seinem Tagebuch die Wolkenstimmungen fotografierte, erstiegen seine Kameraden den Berg, der heute Cubes Namen trägt.
Die Aufnahme entstand am 14. Oktober 1902.

Ehre wem Ehre gebührt

Mit der Namensgebung „Pic von Cube" (siehe unten) wurde bereits eine bleibende Erinnerung geschaffen. Doch das konnte nicht alles sein. Mit Michel Fabrikant waren wir uns bald einig, daß wir durch ein internationales Bergsteigertreffen in den Bergen Korsikas das Lebenswerk Cubes noch einmal zusammenfassen wollten. Fabrikant übernahm die notwendigen Vorbereitungen in Frankreich und auf Korsika, während mir in enger Zusammenarbeit mit dem Deutschen Alpenverein die Organisation und die Durchführung einer Sammlung in Deutschland übertragen wurde. Durch großzügige Spenden der Stadt Stuttgart, der Bundesärztekammer, der Firma Carl Zeiss in Oberkochen und zahlreiche kleinere Spenden konnte die erforderliche Summe zusammengebracht werden, um eine Gedenktafel für Dr. Felix von Cube und seine Kameraden in Auftrag zu geben. Nach zweijähriger Vorbereitung fand über die Pfingstfeiertage 1966 das erste internationale Bergsteigertreffen auf Korsika statt (siehe Seite 20 bis 23), in dessen Mittelpunkt die Einweihung der Gedenktafel stehen sollte.

Anerkennung zu Lebzeiten und posthum

Besondere Ehrungen erfolgen in der Regel zu spät! Doch bei Felix von Cube sollte dieser Fehler nicht passieren. Er durfte nämlich noch zu Lebzeiten erfahren, daß ein Berg nach ihm benannt wurde. Eine seltene Ehrung, die in die Geschichte Korsikas eingegangen ist.

Am 2. Januar 1961 hat der Gemeinderat von Asco auf Vorschlag von Michel Fabrikant vom Club Alpin Fran-

çais einstimmig beschlossen, einem Berg ihrer Gemarkung den Namen Monte Cube zu geben.

Mit Schreiben vom 11. Juli 1964 hat das zuständige Ministerium in Paris die Zustimmung erteilt, Rechtsgültigkeit wurde jedoch erst erreicht durch die Veröffentlichung im „Journal Officiel de la Republique Française“ vom 18. Juli 1964.

Die Korsen haben die Namensgebung unter der Bezeichnung „Punta Rossa dit Monte Cube“ akzeptiert. Auf den neuesten IGN-Karten des Institut Géographique National erscheint nur noch die Bezeichnung „Pic von Cube“.

Nach rund zweijähriger Vorbereitungszeit konnten die Einladungen für das internationale Bergsteigertreffen auf Korsika am 29. und 30. Mai 1966 verschickt werden. Von Anfang an war das Interesse an dieser Veranstaltung groß, doch zuletzt sollte es wegen eines Streiks zu erheblichen Schwierigkeiten bei der Anreise kommen. Auf beachtlichen Umwegen, zum Teil sogar über Sardinien, erreichten jedoch fast alle geladenen Gäste Korsika und damit das Plateau von Stagnu im Asco-Stranciacone-Tal. Als auch das Stuttgarter Jugend-Kammerorchester unter der Leitung von Frau Azone von Cube eintraf, atmeten die Organisatoren erleichtert auf.

Wer bis dahin angenommen hatte, daß man Kammermusik nicht im Freien oder gar mitten in den Bergen wirkungsvoll darbieten kann, wurde in Haut-Asco eines Besseren belehrt. Es gab viel Beifall für die jungen Musiker und ihre Dirigentin, auch von den Korsen. Die folgende Schlagzeile einer Zeitung brachte die ganze Begeisterung zum Ausdruck: „Pour le ‘roi‘ de la montagne corse un orchestre imperial“ – Für den König der Berge Korsikas ein kaiserliches Orchester!

Auch von korsischer Seite erfolgten Darbietungen der folkloristischen Gruppe „La Mannella“ aus Corte, die in der traditionellen Tracht auftrat.

Aus der Festansprache von Dr. Karl Erhardt
anläßlich der Einweihung der Gedenktafel
für Dr. Felix von Cube

. . . *Das Treffen europäischer Alpinisten heute hier, unter den Repräsentanten dieser gastlichen Insel, ist unter drei Gesichtspunkten bemerkenswert:*

Wir gedenken eines Bergsteigers, der zwischen Nationen und Völkern aufgewachsen ist, Felix von Cube. Seine Jugend verbrachte er gemäß dem Beruf seines Vaters von Jahreszeit zu Jahreszeit abwechselnd an der Côte d'Azur und am Tegernsee in den bayerischen Bergen. So war ihm der Kontakt mit französischen, italienischen und deutschen Bergsteigern von Kindheit an vertraut.

Um die Jahrhundertwende zog es ihn nach Korsika. Ich persönlich kann dies besonders verstehen, da auch ich ein halbes Jahrhundert später auf gleiche Weise Korsika zum ersten Male aus der Ferne sah. Geleitet von den Führern und Karten des heute hier anwesenden Vertreters des CAF, des Herrn Dr. Paschetta aus Nizza, war ich in der ersten Hälfte der fünfziger Jahre in dessen Bergheimat, von der auch der junge Felix von Cube ausging, und sah vom Gipfel des Gelas über die Weite des Mittelmeeres hinweg die Berge von Korsika.

Nachdem ich jetzt selber diese Landschaft erlebe, ist der alpine Werdegang von Felix von Cube gut zu verstehen. In der deutschen Bergheimat gehört er zu den Erschließern der Lechtaler und Allgäuer Alpen. Nach seinen Plänen wurde die erste Hermann-von Barth-Hütte erbaut.

Um die Jahrhundertwende war er dann dreimal in den Bergen Korsikas. Hier erstieg er 38 Gipfel, davon 17 als erster. So brachte er Kunde von einer unberührten Landschaft nach Mitteleuropa.

Für ein volles Menschenleben gehörte Felix von Cube dem Deutschen Alpenverein an. Im Jahre 1963 verlieh ihm der Deutsche Alpenverein das Ehrenzeichen für eine Mitgliedschaft von 70 Jahren. Es ist ein schönes Zeichen, daß diese Pioniertätigkeit, von der Bergsteiger aller Nationen profitieren, heute hier geehrt werden kann. Damit komme ich zu dem zweiten Gesichtspunkt, unter dem ich diese Versammlung hier sehe:

CAF und DAV werden in wenigen Jahren die Feier ihres 100jährigen Bestehens begehen. Es ist ein Symbol für die Geschichte Europas, daß beide Vereine erst in diesem Jahrhundert zueinander gefunden haben. Ich bin stolz darauf, vor eineinhalb Jahren die erste Delegation geleitet zu haben, die der Deutsche Alpenverein an den Sitz des CAF entsandte. Anlaß hierzu war der Beginn des deutsch-französischen Jugendaustausches, der inzwischen gute Fortschritte machte. Hieraus ergab sich ein weiterer Schritt in der Zusammenarbeit. Im Colloque Technique prüfen die alpinen Repräsentanten beider Vereine die technischen Fragen, die sich bei der Ausübung des Bergsteigens für ihre Völker ergeben.

Heute stehen wir vor einem dritten Schritt: Der CAF und der DAV haben sich hier zusammengefunden, um gemeinsam eine Gedenktafel für Felix von Cube einzuweihen, den alpinen Pionier der Insel Korsika, bei dem es keine Rolle spielte, welcher Nationalität er angehörte. Als Symbol der Freundschaft zwischen CAF und DAV bittet der Deutsche Alpenverein den Französischen Alpenverein, diese Tafel in seine Obhut zu nehmen, die ich hiermit enthülle.

In diesem mit Spannung erwarteten Augenblick gab es großen Beifall, der kein Ende nehmen wollte. Es war mehr als nur eine spontane Ovation.

Die Veranstaltung im Spiegel der Medien

In der alpinen und allgemeinen Presse wurde nicht nur im deutschen Sprachgebiet, sondern auch in Frankreich und vor allem auf Korsika ausführlich über diese Veranstaltung berichtet.

Ein Fernsehteam des Bayerischen Rundfunks unter der Leitung von Dr. Otto Guggenbichler produzierte einen interessanten Film. Die Hörfunksendung „Macchia und Urgestein – die Bergwelt Korsikas und ihre Erschließung“ von Bruno Erath am 12. Juni 1966 dauerte 45 Minuten. Auch der Hörfunk und das Fernsehen aus Frankreich waren anwesend, um alle Einzelheiten des ersten internationalen Bergsteigertreffens inmitten der korsischen Berge aufzuzeichnen. Bergsteiger aus fünf Nationen Europas waren erschienen, aber auch die Korsen zeigten sich zahlreich vertreten. Die hohe Besucherzahl am Pfingstsonntag, dem 29. Mai 1966, übertraf alle Erwartungen. Vorher und auch nachher waren an einem Tage niemals wieder so viele Menschen auf dem Plateau von Stagnu. Und wir hatten an diesem Festtag in Haut-Asco das allerschönste Wetter, auch am Pfingstmontag bei der gemeinsamen Bergtour zum Pic von Cube. Die schwere Filmkamera des Bayerischen Rundfunks samt Stativ wurde bis zum Gipfel hinaufgetragen.

Der 100. Geburtstag

Noch einmal sollten möglichst viele Bergsteiger zusammenkommen, die sich an der Erschließung der Berge Korsikas aktiv beteiligt hatten. Die 100. Wiederkehr des Geburtstags von Felix von Cube war dazu die allerbeste Gelegenheit. Die Vorbereitungen zu diesem geplanten Treffen wurden rechtzeitig eingeleitet.

Nach dem Versand der Einladungen stellten wir mit Befriedigung fest, daß unser Vorschlag bestens angekommen war. So konnte am 27. November 1976 in Stuttgart-Heslach der Festakt im Gemeindehaus der Kreuzkirchengemeinde stattfinden, zu dem auch fast die gesamte Familie von Cube erschienen war.

Unter den zahlreichen Gästen waren auch Josef Bucher und Sepp Schmidbauer, die bereits 1937 eine Kundfahrt in den Bergen Korsikas mit Erfolg durchgeführt hatten. An der Paglia Orba eröffneten sie die später nach ihnen benannte „Bucher-Schmidbauer-Route", eine Kletterei im Schwierigkeitsgrad V.

Der Einladung folgte auch Dr. Adalbert Graf von Keyserlingk, der mit seiner Frau mehrmals und über einen längeren Zeitraum hinweg auf Korsika lebte, um seinen Forschungen nachgehen zu können. Das Ergebnis der umfangreichen wissenschaftlichen Studien wurde veröffentlicht in dem Buch „Und sie erstarrten in Stein. Frühe Mysterien in Korsika als Keime unserer Zeit". Der Verfasser war und ist ein großer Verehrer von Felix von Cube, der in dem genannten Buch mehrmals zitiert wird.

Im Auftrag des Deutschen Alpenvereins begrüßte Hans Schymik die Gäste. Aus Korsika war Michel Fabrikant angereist, um die Grüße des Club Alpin Français zu übermitteln. Mit großem Interesse folgten alle Anwesen-

den der Festansprache von Prof. Dr. Herberg, in der die Persönlichkeit Felix von Cubes mit treffenden Worten gewürdigt wurde.

Am Anfang und am Ende der unmittelbaren Geburtstagsfeier spielte wiederum das Stuttgarter Jugend-Kammerorchester unter der Leitung von Frau Charlotte Azone von Cube.

Aus dem Festvortrag von Prof. Dr. Wolfgang Herberg zum 100. Geburtstag von Dr. Felix von Cube

Wenn wir heute zum Gedenken des 100. Geburtstages von Dr. Felix von Cube zusammengekommen sind, so beschleicht uns natürlich die Wehmut des Wörtchens „es war einmal". – Es war einmal ein Bergsteiger, der uns gezeigt hat: dort liegt das Bergparadies von Korsika! „Und des sind wir fröhlich", wie es in einer Bibelstelle heißt, die allerdings nicht die landläufige Fröhlichkeit meint, sondern die Fröhlichkeit des Herzens. Und eben diese Fröhlichkeit hat Felix von Cube gehabt, in seinem Herzen, in seinem Beruf, in seinen Bergen! Und eben „des" können wir fröhlich sein, weil er uns heute ein Beispiel ist.

Seine Zeit war eine goldene Zeit des Alpinismus und hat viele Männer hervorgebracht, die wie er im Leben, im Beruf und auch im Bergsteigen Großes geleistet haben. Ihr Leben stellte noch eine in sich ruhende Einheit dar, die noch nicht nach einem so groben Materialismus ausgerichtet war, wie er leider unserer Zeit eigen ist.

Und so lassen Sie uns heute das Leben und besonders das Bergsteigen von Felix von Cube in lebendige Erinne-

rung rufen. Er wurde am 30. November 1876 in Menton in Süd-Frankreich geboren, wo sein Vater winters eine Praxis als Arzt ausübte, während die Familie im Sommer am schönen Tegernsee lebte. Dieser Wechsel, der dem Leben des jungen Menschen eine gewisse großzügige Weite gab, und der ihn auch in zwei Sprachen aufwachsen ließ, hat ihm zweifelsohne viele Anregungen gegeben.

Wir sehen dann den jungen Felix von Cube als fröhlichen Studenten in München, wo er mit Zoologie begann und bald zur Medizin überging. Dann kam 1895 das Bergsteigen hinzu, das diese Periode der Studienzeit und noch Jahre danach mit besonderer Intensität füllte. Er trat im Wintersemester 1897/98 in den berühmten AAVM ein, den Akademischen Alpenverein München. Wie mögen dort die Wellen jugendlicher Begeisterung hochgeschlagen sein: bei ihren Clubtreffen, bei ihrem Plänemachen und beim Ausführen und Gelingen ihrer Kletterfahrten! Wie mögen sie die Schriften ihrer Vorgänger, ihrer Alten, studiert und diskutiert haben, denn Cube und Enzensperger knüpften bei ihren Allgäu-Veröffentlichungen an Hermann von Barth, an Stiehler, Wolff u. a. an, die ihnen vorausgegangen waren. Sie werden so gedacht haben, wie Enzensperger einmal 1907 schrieb (ZdDuÖAV 1907, Seite 218):*

„Ich war Hochtourist geworden und nahm die Lust am Hochgebirge mit hinunter ins Tal, nahm sie mit in die Großstadt – wir haben den raschen Wechsel der Eindrücke lieben gelernt, heute in der Großstadt, morgen in den Bergen.“

* Ernst Enzensperger, der jüngere der beiden Enzensperger-Brüder.

Nun, es war die glühende Begeisterung jeder wahren Jugend, die sich Aufgaben stellt, worin sie sich verwirklichen kann. Und meine Generation erinnert sich noch lebendig wieder einer solchen AAVM-Jugend der 20er Jahre mit Leo Maduschka, Georg von Kraus und anderen.

Felix von Cube beendete sein Studium 1902 mit einer Promotion, die gezeigt hat, daß er wissenschaftlich zu arbeiten in der Lage war, und daß er sich mit den anfallenden Problemen auseinandersetzen konnte, mit Intelligenz, mit Lust an der Arbeit und, was auch nicht fehlen darf, mit Fleiß! In seiner Veröffentlichung über die Hornbachkette (ZdDuÖAV 1904, Seite 224) sagte er selbst:

„So gingen wir denn mit Lust und Liebe an die Arbeit, unternahmen kühne Fahrten und durchforschten mit Fleiß das vielfach unbegangene Bergland . . .“

Felix von Cube ging dann 1906 von München nach Stuttgart, ließ sich dort als Facharzt nieder und lebte mit seiner Arbeit und seiner groß werdenden Familie ein innerlich reiches Leben. Die zwei Weltkriege, die diese Generation erlebte, werden auch für ihn bittere Abschnitte gewesen sein, aber gerade dem Arzt ist in Zeiten der Not das große Helfen gegeben. Felix von Cube war zweifelsohne einer der stets suchenden, stets helfenden, großen Menschen, von denen der Dichter Ernst Wiechert einmal sagte, daß sie „das Ganze erkennen“ wollen! Wenden wir uns seinen Taten als Bergsteiger zu. Sie begannen 1895 und er wandte sich in viele Gebiete wie Bayrische Voralpen, Lechtaler, Wilder Kaiser, Dolomiten, Seealpen, Pyrenäen und andere. Eine besonders intensive Tätigkeit entfaltete er ab 1899 in der Hornbachkette des Allgäuer Hauptkammes. Ernst Enzensperger hatte die Jugend des AAVM auf diese noch weitgehend unerschlossene Gruppe aufmerksam gemacht und schrieb 1906 darüber (ZdDuÖAV 1906, Seite 260):

„In letzteres Gebiet verlegte sogar ein Eliteverein junger Hochtouristen, der AAVM, sein Arbeitsgebiet. Auf dem Wege zur Hermann-von-Barth-Hütte lernte mancher junger Akademiker die Berge des Allgäus kennen und lieben." (. . .)

Viele Veröffentlichungen über diese Erschließungsarbeit erfolgten nur in den Jahrbüchern des AAVM. Cube aber gab eine wertvolle Gesamtdarstellung in der Zeitschrift des Deutschen und Österreichischen Alpenvereins 1904 (Seite 224). Diese Arbeit wurde 1906, 1907 und 1908, auf das ganze Allgäu ausgeweitet, von seinem Kameraden Ernst Enzensperger fortgesetzt.

Betrachtet man die Tagebücher Cubes aus jener Zeit, so findet man neben den exakten Angaben über den Wegverlauf, Zeiten- und Höhenangaben auch ausgezeichnete Skizzen von Bergen und Wänden mit eingezeichneten Routen. Sieht man die Veröffentlichungen und Skizzen von Hermann von Barth 30 Jahre früher, so kann man wohl erkennen, daß der junge Felix von Cube sich an ihm ein Beispiel genommen hat. Bemerkenswert an Cubes Tagebüchern ist auch seine saubere Schrift, die – wie man aus seinen letzten Briefen von 1963 noch erkennen kann – ihm auch im hohen Alter noch geblieben ist. Auch die Schrift rundet das Charakterbild eines Menschen!

Betrachten wir nun die Korsika-Touren von Felix von Cube, die zweifelsohne seine erlebnisreichsten und wichtigsten Berg-Erforschungen waren. Seine erste Fahrt ging mit Freund Kleintjes Anfang August 1899 zur Insel hinüber. Sie hatten die damals noch sehr spärliche Literatur wohl studiert und hatten auch die erste französische Generalstabskarte von 1824 in der Hand. Bekannt waren damals eigentlich nur Beschreibungen vom Monte Cinto und Monte Rotondo, weshalb die Freunde erwarteten, viel Unbekanntes zu entdecken. (. . .)

In einem kleinen Wägelchen, von einem Maultier gezogen, fuhren sie am 4. August 1899 in das Dörfchen Calacuccia ein. Von dort erkundeten sie zunächst das Ercu-Tal und bestiegen zwei Gipfel der Grande Chaîne Transversale östlich vom Cinto und diesen selbst. Ein Biwak war dabei natürlich nicht zu vermeiden. Doch war dies keineswegs so bequem wie heutige Biwaks mit komfortablem Zelt, Isolierunterlage und Daunenanzug! (. . .)

Noch ein letztes Mal, im Jahre 1904 ging Felix von Cube, begleitet von seinen Kameraden Scheck und Mayerhofer, nach Korsika: der Tafunatu hatte ihm wohl keine Ruhe gelassen!

Und er wurde bestiegen, am 14. August 1904! Und zwar der Nordostgipfel auf dem Wege, der heute die „Normalroute" heißt. Außerdem wurde der Capu Uccellu erstmalig über den Südostgrat bestiegen und der Capu Tighettu erstmalig überschritten. Diese letzten Korsika-Touren sind nur in seinem Tagebuch erhalten und leider nicht mehr in einer Fortsetzung in der Zeitschrift des Deutschen und Österreichischen Alpenvereins veröffentlicht worden. Dafür aber erschien im gleichen Jahr Felix von Cubes wertvoller Artikel über die Hornbachkette (ZdDuÖAV 1904, Seite 224). Aber wir können uns auch so seine große Freude an der letzten Korsika-Tour und an seinem großen Erfolg am Tafunatu, dem „Matterhorn Korsikas" vorstellen. Und wir*

* Eigentlich wird die Paglia Orba so bezeichnet.

können uns auch seinen Abschiedsruf vorstellen, den er dieser schönen Insel bei der Abfahrt des Schiffes noch einmal zugerufen haben wird:

„Lebt wohl ihr trotzigen, wolkenumstürmten Gipfel, ihr zackigen Grate! Leb' wohl Korsika!"

Es geht aus Worten, aus Briefen und aus den Veröffentlichungen von Felix von Cube hervor, daß er immer wieder auf seine Kameraden als am Erfolg gleichwertig Beteiligte hinwies. Das zeugt von seiner selbstlosen Einstellung, und ist ja auch in vielen Fällen richtig. Aber es ist doch meistens so, daß nur einer der Initiator ist, daß nur einer das genaue Tagebuch führt, daß nur einer Winkel und Höhen mißt, daß nur einer sich von allem genaue Skizzen macht und daß nur einer sich der Mühe einer umfassenden Veröffentlichung unterzieht. Und das war in diesem Falle eben doch Felix von Cube. Aber dennoch will auch ich gerne seinem Wunsche nachkommen und noch etwas von seinen Kameraden sprechen, weil damit seine Generation und seine Zeit noch etwas mehr ins rechte Licht rückt. Denn diese hat viele große Bergsteiger hervorgebracht, die wie er, Felix von Cube, nicht nur im Bergsteigen, sondern auch in ihrem Beruf und dem ganzen sonstigen Leben groß waren.

Besonders bekannte Alpinisten in Tat und Schrift wurden Enzensperger, Euringer, Leuchs, Paulcke u. a., deren Namen mit besonderen Touren, oder ganzen Berggruppen und bekannter alpiner Literatur verbunden geblieben sind. Es gab dann auch Bergsteiger unter seinen Kameraden vom AAVM, die über die Alpen hinaus in die höheren Berge anderer Länder und Erdteile aufbrachen und auch dort Großes geleistet haben. Als Beispiel sei genannt Dr. Heinrich von Ficker, der spätere Professor für Meteorologie und Geodynamik in Wien. Er und auch seine berggewandte Schwester Zenzi waren 1903 Mitglieder der Expedition von Rickmer-Rickmers zum Uschba im Kaukasus, an der auch G. Leuchs, F. Scheck und A. Schulze teilnahmen. Sie kamen dadurch in eine sehr gefährliche Lage, daß Schulze hoch oben in der Gipfelwand als Führender stürzte, von Ficker am Seil gehalten und hinabtransportiert werden mußte. Schulze nahm schon kurz darauf an einem weiteren Besteigungsversuch von, wie er schrieb, „einer Gruppe von vier Doktoren" (nämlich: Helbling, Reichert, Schuster und Weber) teil, der dann mit der Eroberung des Uschba-Südgipfels den großen Erfolg hatte und wobei Schulze nun die schwere Gipfelwand bezwang.

Im gleichen Jahr führten Leuchs, Pfann und Distel auch die erste Überschreitung des Uschba über Nord- und Südgipfel in vier Tagen durch. Wenn man an den damaligen Stand der Ausrüstung und der Sicherungstechnik denkt, und an die eiskalten Biwaks ohne Zelt und ohne Schlafsäcke, so kann man nur sagen, daß diese Bergtouren hervorragende Leistungen waren und enormen Unternehmungsgeist und Mut verlangten!

Dr. Günther von Saar, aus der gleichen Generation des AAVM, und Dr. Viktor Wolf von Glanvell mit ihren Kameraden Reinl, Doménigg und andere waren ebenfalls außergewöhnliche Bergsteiger und Wissenschaftler ihrer Zeit. Erstere wurden besonders bekannt durch die Ersteigung des berühmten Campanile di Val Montanaia in den Cadorischen Dolomiten. Ihre Namen und ihre Schriften sind m i r dadurch besonders bekannt, daß ich in diesem Gebiet von 1951 bis 1961 eine Art Rest-Erschließung durchgeführt habe und rund 50 Jahre nach ihnen – bedingt durch die Vergessenheit, in die dieses Gebiet geraten war – noch an ihren Steinmännern saß und noch ihre Gipfelkarten in der Hand gehalten habe!

Kommen wir zum Schluß wieder auf das geliebte Korsika zurück! So sehen wir, daß den ersten Erschließern immer neue Generationen folgten. Und wir treffen immer wieder auf bekannte Namen: zunächst Walther von Orell, dann Bleier, Wödl, Herzog, Amstutz und andere. Dann in den 30er Jahren Bucher und Schmidbauer, bekannt durch ihre Veröffentlichungen von 1938 in der Zeitschrift des Deutschen und Österreichischen Alpenvereins. Später folgte die ebenfalls sehr erfolgreiche Stuttgarter Kundfahrt unter Eugen Hahn, und schließlich kamen auch die Extremen, wie zum Beispiel die Karlsruher Ross, Krah, Hertrampf und andere, die sich den schweren und schwersten Problemen zuwandten. Und sie alle, angefangen mit Felix von Cube, gaben durch ihre Korsika-Erfahrungen mit Gelände- und Wegbeschreibungen die Grundlagen zu den heutigen Kletterführern, dem französischen von Monsieur Fabrikant und dem deutschen von Hans Schymik. Und damit haben wir den Anschluß von der Jahrhundertwende an unsere heutige Zeit gefunden.

Sie wissen, daß das Bergsteigen, unterstützt durch die laute Reklame der Sporthäuser, heute sehr zugenommen hat, und die Jüngeren unter Ihnen werden besser wissen als ich, wie es heute in den Alpen zugeht. Im Jahre 1906 hat Ernst Enzensperger geschrieben (ZdDuÖAV, S. 236):

„Man nennt die Alpen einen Gesundbrunnen, und das mit Recht, doch nur solange, als eben der Mensch seine ungesunden Neigungen an ihren Toren niederlegt.“

Und auch andere sahen die Visionen einer veränderten Berglandschaft. Von Saar schrieb 1905 von seinen geliebten „Karnischen Voralpen“ (ZdDuÖAV 1905, Seite 384):

„Es ist wohl nur eine Frage der Zeit, wann auch diese einsamen Gegenden kultiviert sein werden und, ehe man sich's versieht, ist der Zauber der Ursprünglichkeit dahin auf Nimmerwiedersehen. Drum spute sich, wer da noch wandern und schwelgen will."

Und Lothar Patera, der große Wiener Alpinist und manchmal Pessimist – ebenfalls am Anfang dieses Jahrhunderts –, sah in einem einsamen Hochlager die Vision:

„Da steigt sie herauf, die trübe Flut der Menschen, aus den dumpfen Niederungen ihrer Städte . . ."

Nun, wir wollen allen den Aufstieg ins Hochgebirge gönnen, indes bringt die Masse und die heutige Wegwerfgesellschaft natürlich größere Probleme als früher mit ihrer „Flut" mit.

Und wie sieht es heute in Korsika aus? Ich habe mir sagen lassen, daß z. B. im „Jägerlager" bei der alten Bergerie von Spasimata die Abfälle sich zu hohen, wenn auch geordneten Haufen türmen. Und weit schwieriger ist ja das Problem für die korsischen Dörfer und Städte selbst. Fährt man durch die „Insel der Schönheit", wie es im Werbewort der Franzosen lautet, so sieht man hinter jedem Gebirgsort eine Müllkippe, hinein in den schönen Wald und hinunter über Felsklippen bis ins blaue Meer. Vor Städten, z. B. auf der Höhe von Bastia, werden die ausgedienten Autos in Massen einfach über die Straßenböschung abgekippt. Das sind schon ernstere Fragen, denen schwerer beizukommen ist. Da sind sehr lobenswert die Initiativen von Monsieur Fabrikant und Hans Schymik und anderen um einen „Parc Naturel Régional de la Corse". Es ist jedenfalls ein entschlossener Anfang zur Erhaltung der Schönheit der Berge Korsikas! Und es gibt auch zu denken, was der große Korsikakenner Hans Schymik schon 1963 in einem Artikel „Die Berge Korsi-

kas – einst, heute und morgen" geschrieben hat. Soll man die großen Wanderwege nicht ohne Hüttenbauten belassen? Kann bei dem heutigen Stand der Ausrüstung nicht jeder ein Leichtzelt mitnehmen? Und weiter: Soll man nicht wirklich weniger veröffentlichen mit Wort und Bild? Es gibt schon genug, woran sich der ernst Suchende informieren kann. Andererseits soll man an der Frage der Folge der heutigen „Flut" nicht verzweifeln. Die Bergwelt wird darunter nicht untergehen. Ein gutes Zeichen für Korsika ist jedenfalls, daß die Almwirtschaft nicht so schnell untergeht, wie es in vielen Alpengebieten geschehen ist. Fragt man den besonderen Kenner der Bergerien von Korsika, Bergfreund Rolf Benker aus Nürnberg, so führt er sofort allein im Cinto- und Renoso-Gebiet rund 20 Almen auf, wo noch Ziegen und Schafe gehalten werden. Also ist noch nicht alles verloren, was die korsischen Berge so liebenswert macht, und wir wollen weiterhin alle mitwirken, den Bergen der „Insel der Schönheit" ihre Schönheit zu erhalten!

Wir haben heute auf das Leben und Wirken von Dr. Felix von Cube zurückgeblickt und uns seiner erschließerischen Bergtouren erinnert, mit denen er uns in den Alpen und in Korsika vorangegangen ist. Wenn bei ihm das aktive Bergsteigen aus gesundheitlichen Gründen auch nur 10 Jahre umfaßte, so haben diese Erlebnisse doch einen entscheidenden Beitrag zu seinem Leben gegeben, und die Erinnerung daran ist ihm selbst bis zu seinem Lebensende eine bleibende Freude gewesen. Er verließ diese Erde am 27. Januar 1964 im gesegneten Alter von 87 Jahren. Die Zeitspanne eines Erdenlebens ist uns allen bemessen, aber es ist unsere Aufgabe, sie zu erfüllen mit Arbeit und Liebe im Herzen, zu Gott, zu den Menschen und zu allem, was die Schöpfung uns

Laricio-Kiefer an der Baumgrenze.
Ergänzend zu den Ausführungen durch Felix von Cube ist festzustellen, daß die Laricio-Kiefer ein Alter von 800 bis 1000 Jahre erreichen kann. Es kommt selten vor, daß ein Baum so viele Äste hat. Gerade wegen der geringen Ästezahl war die Laricio-Kiefer früher als Schiffsmast besonders begehrt.

Monte Cinto (2706 m). Der höchste Berg der Insel Korsika, gesehen vom kleinen Stagnu-See aus.

hingestellt hat. Das Leben von Felix von Cube war erfüllt von diesem Streben und von dieser Liebe und wir können getrost dort anknüpfen, wo er aufgehört hat. Und das sollten wir nicht nur auf den Bergsteiger in uns beschränken, denn wahres Leben braucht den ganzen Menschen!

Wir alle bewahren mit Achtung und Verehrung sein Bild, und auch die ihn so ehrende Gedenktafel, die seit 1966 in Haut-Asco vor „seinen Bergen“ steht, hält seinen Namen lebendig. Felix von Cube ist nicht vergessen!

FELIX VON CUBE UND KORSIKA

Felix von Cubes alpinistische Bedeutung resultiert vor allem aus seiner Pioniertätigkeit in den wilden Gebirgen Korsikas. Von Cube gilt als der bergsteigerische Korsika-Erschließer schlechthin. Aus diesem Grund sind im folgenden die beiden Aufsätze der Korsikareisen von 1899 und 1902 fast vollständig abgedruckt worden. Die im zweiten Aufsatz eingestreute, äußerst umfangreiche Orographie und Topographie der Cinto-Gruppe scheint, um das Lesevergnügen nicht durch trockene Fakten zu unterbrechen, als Nachspann auf.

Von Cubes Veröffentlichungen über Korsika entbehren nicht einer lebendigen Schilderung der einheimischen Hirten und – legendären – Banditen. Gerade diese Textpassagen unterstreichen das Abenteuerliche jener bergsteigerischen Exkursionen in die Wildnis der berühmten Mittelmeerinsel; Unternehmungen, die von den Korsen kopfschüttelnd belächelt wurden, die indessen den Grundstein für eine auch jetzt noch ungebrochene Beliebtheit Korsikas bei Bergfreunden aus ganz Europa legten.

Im Sommer 1904 reisten von Cube und Freunde – Max Mayerhofer und Franz Scheck – ein drittes Mal auf das gebirgige Eiland. Im Verlauf dieser Fahrt ist unter anderem der schon 1902 versuchte Nordostgipfel des Capu Tafunatu – wegen seines riesigen Felsfensters einer der bemerkenswertesten korsischen Berge – erstmals erstiegen worden. Leider existiert über die Unternehmungen des Jahres 1904 kein Aufsatz aus von Cubes Feder. Wohl aber sind uns seine auch nach modernsten Maßstäben ausgezeichneten Schwarzweißfotos erhalten geblieben.

Zur Schreibweise in Felix von Cubes Aufsätzen

In den Originalberichten von Felix von Cube erscheint die Schreibweise der Namen und Bezeichnungen in der damals üblichen Art. Auch die Höhenangaben konnten noch nicht den Tatsachen entsprechen, da die genaue Vermessung der Insel mit modernsten Geräten erst vor rund 20 Jahren durchgeführt wurde. Früher war man zum Beispiel der Ansicht, daß der Monte Rotondo (2622 m) die höchste Erhebung Korsikas sei (vgl.: das Buch „Corsica" von Ferdinand Gregorovius aus dem Jahre 1854). Erst viel später stellte man fest, daß der Monte Cinto höher ist: Die Angaben schwankten zunächst zwischen 2707 und 2710 Meter. Heute gültig ist die Höhenangabe 2706 m.

Inzwischen haben die Korsen erreicht, daß in allen Veröffentlichungen, auch auf Landkarten, die korsische Sprache verwendet wird. Daher gibt es heute zum Beispiel keinen Col de Foggiale mehr, sondern eine Bocca di Fognieghiallu, und die allgemein bekannte La Mufrella wird jetzt A Muvrella genannt. Generell erscheint die Verwendung einer völlig einheitlichen Schreibweise korsischer Namen in sämtlichen, teilweise bis ins letzte Jahrhundert zurückdatierenden Texten dieses Buches problematisch. So wird dem Leser zum Beispiel der „Capo Tafonato" an anderer Stelle als „Capu Tafunatu" wiederbegegnen.

I. HOCHTOUREN AUF KORSIKA 1899

Korsika! Wer kennt es nicht, jenes meerumspülte Bergland, wo der blaue Himmel Italiens lacht, wo der leuchtende Schnee von den Höhen herniedergrüßt auf Lorbeer,

Ölbaum und Myrte? Wer kennt es nicht, jenes Land, wo noch andere Begriffe von Ehre und Gerechtigkeit herrschen, wo der finstere Geist der Vendetta von Haus zu Haus schleicht, jetzt noch immer, wie vor Jahrhunderten? Welche Welt von Romantik liegt doch in jenen Erzählungen, deren Helden Banditen sind, die alles für ihre Familienehre erdulden und aufs Spiel setzen in fortwährendem Kampfe auf Leben und Tod!

Als ein pfadloses, unwirtliches Hochland wird uns stets in diesen Erzählungen das Innere der Insel geschildert, bedeckt mit undurchdringlichem Buschwerke und dichten Wäldern. Nur die wenigsten wissen von der Existenz eines wirklichen Hochgebirges. Bis tief in das Frühjahr hinein lastet der Schnee auf seinen stolzen Gipfeln und Kämmen, in seinen einsamen Hochkaren und wilden Tobeln, und oft erst im Juni bricht die südliche Sonne den winterlichen Bann. Dichter Wald von gewaltigen Lariccio's* steht hochstämmig in seinen Thalgründen bis weit hinauf, wo sich der bunte, farbenprächtige Granit zu wuchtigen Wänden und zerrissenen Graten aufbaut.

Wer in Korsika die breiten Straßen wandelt, sieht nicht die Einsamkeit und Großartigkeit seines Hochgebirges; er darf Mühe, Zeit und Entbehrung nicht scheuen, in die verborgensten Winkel und verlassensten Hochthäler einzudringen, er muß vorlieb nehmen mit einem dürftigen Lager auf hartem Fels unter freiem Himmel oder bei loderndem Feuer in der armseligen, offenen Schafhütte des korsischen Hirten – dann wird auch er die seltenen Reize kennenlernen, die ein wildes und unerschlossenes Bergland auf den Naturfreund auszuüben vermag.

---

* Eine korsikatypische Kiefernart; näheres siehe Seiten 35 und 61.

Als Freund L. L. Kleintjes und ich im Sommer des Jahres 1899 den Entschluß faßten, der Insel einen Besuch abzustatten, da geschah dies mit der hauptsächlichen Absicht, jenes Gebirge in seinem Inneren zu durchstreifen. Aus der einschlägigen, ohnehin spärlichen Literatur konnten wir über die ausgedehnten Ketten des nördlichen Korsika mit Ausnahme seiner beiden Kulminationspunkte, des Monte Cinto und des Monte Rotondo, so gut wie nichts eruieren und so mit Recht vermuten, daß manche Teile dieses Gebietes überhaupt noch keine Touristen gesehen hatten. In dieser Vermutung hatten wir uns keineswegs getäuscht, ja wir konnten sogar mit Genugthuung konstatieren, daß der weitaus schönste und großartigste Teil des korsischen Gebirges es ist, der bisher überhaupt touristisch unbetreten gewesen war.

So mögen denn die folgenden, schlichten Schilderungen unserer korsischen Bergfahrten in diesem Sinne auch als ein kleiner Beitrag zur Erschließungsgeschichte der europäischen Hochgebirge aufgenommen werden.

Zur Orographie

Betrachtet man oberflächlichen Blickes eine etwas detaillierte Karte der Insel, so fällt zunächst das Auge auf ein Chaos von Bergen, ein Gewirr von Gebirgszügen und Ketten, die scheinbar regellos kreuz- und querziehend fast das ganze Areal der Insel ausfüllen. Es ist nicht leicht, dieses Chaos einem gewissen System unterzuordnen, und man thut am besten, dabei die hydrographischen Verhältnisse der Insel einer näheren Würdigung zu unterziehen. Denn scheidet man gewissenhaft die Flußgebiete der Ost- von denen der Westküste, so wird man

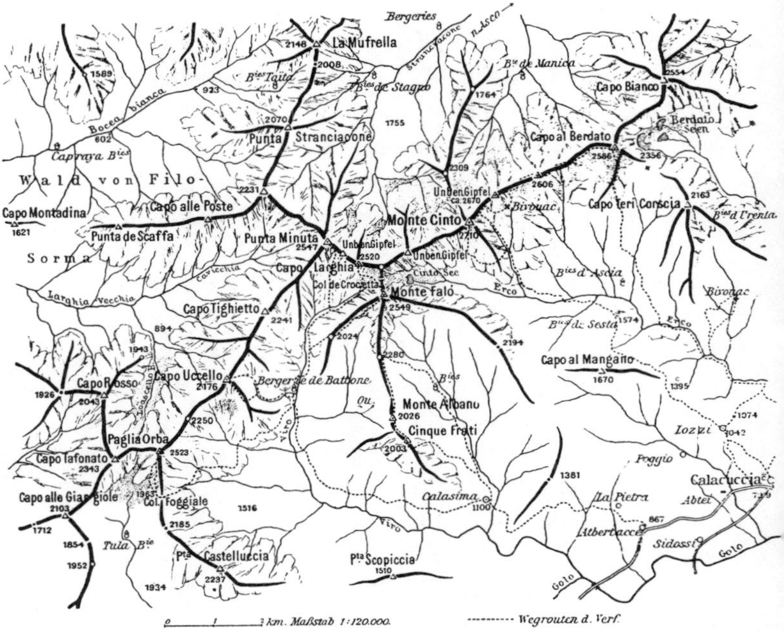

Der centrale Teil der Cinto-Gruppe.

klar und deutlich den längst dieser Grenzlinie streichenden Hauptzug, gleichsam das Rückgrat der Insel, verfolgen können. Diesen kann man nun in drei ungefähr gleich lange Abschnitte einteilen. Der erste reicht vom Cap Corse, dem nördlichen Vorgebirge der Insel, bis zum Col de Tenda; er kulminiert mit 1563 m in dem Monte Asta und bietet vom hochtouristischen Standpunkt nur geringes Interesse. Der zweite Abschnitt beginnt am Col de Tenda, zieht im allgemeinen parallel der Westküste, und beschreibt so einen weiten, nach Osten offenen Bogen. Er erreicht sein Ende am Col von Vizzavona, 1162 m, der bedeutendsten Einsattlung im Hauptkamm, über welchen an dieser Stelle der einzige die Insel querende Schienenweg führt.

In diesem Abschnitte des Hauptzuges haben wir den Ausgangspunkt, den Knoten des ganzen orographischen Systems zu suchen. Wir treffen hier ausgeprägten Hochgebirgscharakter, der nicht etwa den Hauptzug allein auszeichnet, sondern in fast noch höherem Maße auch den Nebenketten eigen ist, die ihrerseits wieder reichlich verästelt noch bedeutende Höhen aufweisen und sogar die Kulminationspunkte der ganzen Insel tragen. Die geringe Entfernung des Hauptkammes und seiner Nebenketten von der Westküste bedingt hier natürlich einen viel schrofferen Abfall. Die Seitenzüge, die der Hauptkamm nach dieser Richtung aussendet, sind kurz und enden meist unmittelbar in steilen Vorgebirgen, so daß die Westküste mit ihren vielen tief in das Gebirge einschneidenden Golfen und Buchten im Gegensatze zur bedeutend flacheren Ostküste von hoher landschaftlicher Schönheit ist. Dieser Abschnitt des Hauptzuges, der, wie schon erwähnt, das eigentliche Hochgebirge der Insel darstellt, erheischt deshalb unser besonderes Interesse.

Es fallen uns hier sofort drei selbständige, durch markante Einsattlungen getrennte Gruppen von sehr verschiedener Größe und Ausdehnung in die Augen: 1. Die Gruppe des Monte Cinto, 2. die des Monte Rotondo, 3. die des Monte d' Oro.

Die Gruppe des Monte Cinto ist die weitaus größte und bedeutendste Hochgebirgsgruppe der ganzen Insel und auch die einzige, die ausgeprägten Kettengebirgscharakter aufweist. Von orographischen Gesichtspunkten ausgehend, haben wir eine dem Verlaufe des obenerwähnten Hauptzuges folgende, im allgemein von Nord nach Süd streichende Hauptkette von den von ihr ausgehenden Seitenketten zu unterscheiden. Sie hat eine Länge von rund 25 km (von der Bocca Roce bis zum Col de Vergio gemessen). Ihre Eckpfeiler sind im Norden die Punta Radiche, 2010 m, im Süden der Capo alla Cuculla, 2052 m. Ungefähr in der Mitte ihres Verlaufs, an der Punta Minuta, 2547 m, die gleichsam als der Knotenpunkt der ganzen Gruppe anzusehen ist, erfährt die Hauptkette eine Knickung; hier entsendet sie nach Nordosten ihren bedeutendsten Seitenast. Durch diese Knickung wird die Hauptkette in zwei unter sich ganz verschiedenartige Teile geschieden, in einen nördlichen von geringerer Kammhöhe und weniger ausgeprägter Gipfelbildung und einen südwestlichen, welcher sowohl was Grat- und Gipfelbildung wie Kammhöhe betrifft, gleichsam als Fortsetzung jener hervorragenden Seitenkette gelten kann, mit welcher gemeinsam er zweifelsohne die imposanteste Gebirgskette der Insel darstellt.

Von hervorragenden Gipfeln wären zu nennen; im nördlichen Teil der Hauptkette der Monte Corona, 2130 m, von dem sich ein längerer gegen Nordost ziehender Seitenzug, der des Monte Padro, 2396 m, loslöst, la Mufrella, 2143 m, als Teilpunkt eines nach Westen streichenden Seitengrates und die durch ihre kühne Form auffallende, den oberen Thalboden des Stranciacone beherrschende doppelgipfelige Punta Stranciacone, 2070 m. Weiterhin schwingt sich der Hauptgrat ziemlich unvermittelt zur spitzen Pyramide der Punta Minuta, 2547 m, empor, mit der, wie oben erwähnt, der südwestliche Teil der Hauptkette beginnt. Dieser zeichnet sich in seinem Verlauf bis zum Capo Tafonato durch seine überaus ausgeprägte, zerrissene Gratbildung, seine kühnen Gipfelformen und seine gewaltigen Abstürze aus, und bildet den wildesten Teil der Insel überhaupt. Seine Kulminationspunkte sind der Capo Tighietto, 2241 m, der Capo Uccello, 2176 m, das auffallende Horn der Paglia Orba, 2523 m, und der Capo Tafonato, 2343 m. Vom Capo Tafonato ab, der seinerseits wieder den Ausgangspunkt zweier nach Norden und Süden ziehender Seitengrate bildet, nimmt die Kammhöhe der Kette wieder ab und der wilde Felscharakter geht zum Teil wieder verloren. Mit dem breiten Felstrapez des Capo alla Cuculla, 2052 m, der vom Aitonethal einen immerhin noch recht stattlichen Eindruck macht, schließt die Kette im Süden ab.

Der große, an der Punta Minuta abzweigende Seitenast der Hauptkette schlägt zunächst eine südöstliche Richtung ein, um sich dann scharf nach Nordost zu wenden. Bei seiner durchschnittlichen Kammhöhe von 2450 m überragt er um ein bedeutendes die Hauptkette; seine Länge von der Punta Minuta bis zum Capo Bianco beträgt ca. 7 ½ km. Unter seinen Gipfeln ragen besonders hervor der ungemein schroffe, turmartige Aufbau des Capo Larghia, 2520 m, wohl der am schwierigsten zugängliche Gipfel des ganzen Gebietes, der Monte Faló, 2549 m, weiterhin der Monte Cinto, der mit einer Höhe von 2710 m den Kulminationspunkt der ganzen Insel darstellt, die breite Felskuppe des Capo al Berdato, 2586 m, und der Capo Bianco, 2554 m. Wohl setzt sich der Grat vom Capo Bianco in nordöstlicher Richtung fort, um erst mit dem Capo Traunato, 2180 m, seinen Abschluß zu erreichen, doch besitzt dieser Gratabschnitt infolge seiner geringen Kammhöhe und seines wenig ausgeprägten Felscharakters nur geringe Bedeutung.

Ein etwa 10 km langer, bedeutend niedrigerer Abschnitt des Hauptzuges trennt die beiden Gruppen des Monte Cinto und des Monte Rotondo. An dieser Stelle treffen wir drei markante Einsattlungen, den Col de Vergio, ca. 1400 m, den Col de St. Pierre, 1446 m, und den Col de Ciarnente, ca. 1550 m. Der erstere ist wohl einer der wichtigsten Pässe der Insel, da er auf einer Strecke von 75 km den einzigen fahrbaren Übergang im Hauptkamm bildet. Über ihn führt die Straße von Corte, der alten Hauptstadt Korsika's, nach Evisa und den übrigen Ortschaften der Westküste. Der aussichtsreiche Gipfel des Monte Tozzo, 2003 m, zugleich Ausgangspunkt eines größeren, die beiden Thäler des Golo und des Tavignano trennenden Seitenkamms, entragt jenem Abschnitt als kulminierender Punkt.

Die nun folgende Gruppe des Monte Rotondo steht, was Flächenraum betrifft, weit hinter der des Monte Cinto zurück. Vor allem treten uns hier nicht jene großen, ausgeprägten Ketten entgegen, die jener ihre eigentliche Ausdehnung und Mächtigkeit verleihen. Der Gebirgsaufbau ist hier mehr stockartig. Die kurzen, vom

Hauptmassiv ausgehenden Seitengrate enden ziemlich unvermittelt, und schließen zwischen sich eine Reihe einsamer Hochkare ein, eine Erscheinung, die man in der Gruppe des Monte Cinto nur ganz vereinzelt antrifft. In diesen Karen finden wir eine große Anzahl von größeren und kleineren Seen eingelagert, die durch ihre leuchtenden Farben, vom tiefsten Ultramarin oder Smaragdgrün bis zum satten Blau des Kupfervitriols der öden Felsszenerie einen eigenen Reiz verleihen. Die Gruppe gipfelt im Monte Rotondo, 2625 m, der vermöge seiner relativ leichten Erreichbarkeit und seiner zentralen Lage der besuchteste Hochgipfel der Insel ist.

Die Monte-Oro-Gruppe, die durch die 1453 m hohe Einsattlung des Col de Oreccia von der des Monte Rotondo getrennt ist, bildet einen gedrungenen, mehrgipfeligen Gebirgsstock, der mit 2391 m im Monte d' Oro kulminiert. Als charakteristisch mag für dieses Massiv die auffallende Tobelbildung angeführt sein.

Der dritte Abschnitt des Hauptzuges endlich, der am Col von Vizzavona beginnt und mit dem Cap de Feno bei Bonifacio endet, hat gleich dem ersten Abschnitte mehr Mittelgebirgsgepräge, doch erhebt er sich stellenweise zu immerhin nennenswerten Höhen, von denen die bedeutendsten die Massive des Monte Renoso, 2357 m, und des durch seine Amboßgestalt auffallenden Monte Incudine, 2136 m, – daher der Name – darstellen.

Touristisches

Es war am Spätnachmittag des 4. August 1899, als wir in unserem sehr primitiven, von drei dürren Maultieren gezogenen Vehikel die holperige Dorfstraße von Calacuccia hereingefahren kamen, ein ziemlich armseliges Dörfchen im Herzen von Korsika, an den Südhängen der Cintokette gelegen. Endlich am Ziel! Wir hielten vor einem kleinen Hause mit der Aufschrift „Hotel Verdoni", krochen aus dem Inneren des Wagens, der uns lange genug beherbergt hatte, und folgten unserem Wirte, einem kleinen, buckeligen Manne, durch die gaffende Menge ins Haus. Ein dunkler, enger Hausgang und eine noch dunklere, steile Treppe leiteten zu unseren Gemächern. Wir traten in eine kleine, mit Granitfliesen gepflasterte Kammer, unsere Behausung für die nächsten 14 Tage. Ein viereckiges Fensterchen ging auf die Dorfstraße hinaus, wo reges Leben herrschte. In eifriger Unterhaltung standen da Gruppen von Männern und Frauen; dazwischen trieb sich die lärmende Gassenjugend herum in buntem Durcheinander mit Schweinen, Hunden, Hühnern, Katzen und sonstigen Haustieren. Unsere Ankunft schien also doch einen gelinden Aufruhr im stillen Dorfe verursacht zu haben. Kaum hatten wir uns notdürftig in unser neues Quartier gefunden, als ich schon den Vorschlag machte, den weiten Bergeskranz, in dessen Mitte Calacuccia liegt, einer näheren Besichtigung zu unterziehen. Wir verließen also das Dorf nach Westen. Sofort hatten sich uns zwei Männer angeschlossen; der eine war ein „Führer" aus Lozzi, der andere gab sich als Mouflonjäger aus. Ersterer schien unsere Absicht, bereits morgen den Monte Cinto in Angriff zu nehmen, gemerkt zu haben und eröffnete uns ohne weitere

Präliminarien, sein Führerpreis betrage 20 Francs. Wir erwiderten ihm, daß uns dies ausnehmend freue, daß wir aber seiner Dienste nicht benötigten. Der biedere Mann, dem führerlose Hochtouren etwas Undenkbares schienen, war darüber sehr verdutzt; offenbar hielt er uns für große Geizhälse und konnte uns nicht genug vor den schrecklichen Gefahren einer Cinto-Besteigung warnen.

Eine kleine Anhöhe ergab einen guten Orientierungspunkt. Im Westen drüben fiel uns sofort ein gewaltiges Felshorn auf – unzweifelhaft die Paglia Orba, davor fünf charakteristische Zacken, die Cinque frati, die korsische Fünffingerspitze, wie wir sie später scherzhaft nannten. Gegen Nordwesten aber zog sich wie eine lange Riesenmauer die Kette des Monte Cinto hin. Sie bildete einen langen, anscheinend wenig gegliederten Grat, der von Südwest nach Nordost ziehend uns rund um 2000 m überhöhte. Dieser Kette entragte zur Linken der Monte Cinto als eine stumpfe Pyramide. Leider war die untergehende Sonne der Beobachtung seiner uns zugekehrten Seite nicht ganz günstig; trotzdem glaubten wir zu erkennen, daß sich seiner Besteigung keine allzugroßen Schwierigkeiten entgegenstellen würden. Der weitere Gratverlauf nach Osten bis zur breiten, geröllbedeckten Felskuppe des Capo al Berdato erregte unser besonderes Interesse, und es seien mir an dieser Stelle einige orographische Bemerkungen über diesen Grat gestattet.

Die Entfernung vom Capo al Berdato bis zum Monte Cinto beträgt $3^1/2$ km. Der Verbindungslinie zwischen diesen beiden Gipfeln folgt auch im wesentlichen der Grat, der zwei vollständig selbständige Erhebungen aufweist, die allerdings von Calacuccia aus infolge seiner bedeutenden Länge und der großen Entfernung nicht so sehr als solche hervortreten. Die östliche dieser Erhebungen ist auf der französischen G.-K. mit 2606 m kotiert; sie bildet einen gegen Osten steil aufgesetzten, nach Westen jedoch flacher abfallenden Felskamm; die westliche liegt genau zwischen dem P. 2606 und dem Monte Cinto und stürzt mit einem kurzen, steilen Abbruch in die Scharte ab, an der der Nordostgrat des Monte Cinto ansetzt. Zwischen diesen beiden Erhebungen, deren Entfernung voneinander 1 km beträgt, ist ein kleiner Geröllsattel eingelagert.

Je länger wir diesen Grat betrachteten, desto lauter wurde in uns der Wunsch, auf demselben vom Capo al Berdato ausgehend bis zum Cinto vorzudringen. Wir beschlossen daher bereits am nächsten Morgen in aller Frühe diese Tour in Angriff zu nehmen. Zufrieden mit unserer vorläufigen Orientierung kehrten wir mit dem Jäger und dem Führer, die einen Erfolg unseres Projektes für absolut ausgeschlossen erachteten, ins Dorf zurück.

Capo al Berdato, 2586 m, – P. 2606 d. franz. G.-K. (I. Ersteig.) – Unbenannter Gipfel, ca. 2670 m, (I. Erst.) – Monte Cinto, 2710 m, (I. Abst. über den Nordostgrat). Am 5. August um 4 Uhr morgens richteten wir uns zum Aufbruch; es tagte bereits, und zu unserer Freude sahen wir, daß der Himmel ein recht heiteres Gesicht aufgesetzt hatte. Langsam schritten wir die dürren Hänge gegen Lozzi empor. Wie traurig und unendlich armselig war die Gegend ringsum! Weithin kein Baum und kein Strauch sichtbar, der Boden steinig und ausgedörrt, auf den Feldern nur vereinzelte Halme – das war so im allgemeinen der Charakter jener Gegend, die vor nicht allzulanger Zeit noch dichter Hochwald bedeckte und die nur der maßlose Unverstand der Bewohner in eine Wüste verwandelt hat. Lozzi ist so ziemlich das schmutzigste Bergdorf, das wir in Korsika angetroffen haben. Die Häuser sind aus rohen Steinen aufgeschichtet und gleichen allem anderen eher als Behausungen einer doch immerhin zivilisierten Bevölkerung. Im Geschwindschritt durcheilten wir die engen Gassen und wandten uns dem Höhenrücken zu, der uns vom Thale des Erco trennte.

Uns gegenüber erhoben sich kahle, zerfurchte Felshänge, Ausläufer des Capo Teri Corscia, durch deren steile Tobel in rauschenden Stürzen die Wasser dem Erco zueilten, der in seinem trümmererfüllten Bette zwischen großen Blöcken und Felsen zu Thal stürmte. Mit der Vegetation sah es hier unten schon besser aus: dichter Adlerfarren und Erlengestrüpp wucherten an den Hängen, stacheliges Brombeergenist, Bergberberitze und die große korsische Christwurz (Helleborus Korsika) erschwerten uns das Vorwärtskommen und bald verschwanden auch die letzten Steigspuren, die uns noch hinterlistig in den engen Tobel geleitet hatten. Mühsam drangen wir im Bachbette vor. Gegen 7 Uhr war bei einer alten, halbverfallenen Steinbrücke der obere Kessel des Erco erreicht und langsam begannen wir am nördlichen Gehänge anzusteigen.

Zur Linken war inzwischen in seiner ganzen Größe der Monte Cinto aufgetaucht. Seine Ostseite sah wenig vertrauenerweckend aus, dagegen schien er uns von Süden sehr gut zugänglich zu sein. Auch die Südseite des ganzen nach Nordost ziehenden Kammes war nicht so stark geneigt, wie es von unten den Anschein hatte; zwischen den steileren Abstürzen waren größere Terrassen und Geröllflecke eingelagert, die die Neigung der Wand oftmals unterbrachen. Nach unten setzten sich die die Wandstufen durchbrechenden Rinnen in enge Tobel fort, deren Wasser sich im Grunde des großen Kessels zum Erco vereinigten.

Je höher wir stiegen, desto dürrer wurden die Hänge, desto heißer brannte die Sonne, und desto weiter entfernte sich unser Gipfel. Hohes stacheliges Ginstergestrüpp stand weithin auf dem steinigen Hange – wir hatten es von unten für kleine Rasenpolster gehalten; ein Geröllfeld, das wir in längstens einer Stunde zu erreichen gehofft hatten, entpuppte sich als Getrümmer gewaltiger Granitblöcke. Unser Gespräch war verstummt, nur hier und da entfuhr uns eine derbe Verwünschung. Drei Stunden waren schon seit Verlassen des Bachbettes verflossen – und noch immer dieser öde, farblose, eintönige Felshang! Drüben, jene Zackenkrone im Südosten, die schon längst unter den Horizont gesunken war, war der Capo Teri Corscia; wir mochten uns also in 2400 m Höhe befinden.

Endlich, nach fast siebenstündigem, ermüdendem Aufstieg winkte der Gipfel und gegen die Mittagszeit standen wir neben der übermannshohen Steinpyramide, die die Kuppe des Capo al Berdato, 2586 m, krönt. Unser erster korsischer Gipfel! Wir empfanden offen gestanden mehr Ärger als Freude. Eine Steinwüste, ein Trümmerwerk von dunkelrotem Granit, darüber der tiefblaue, dunkle Himmel und heiße, zitternde Luft. Unter uns das Hochthal von Asco, einsam und weltvergessen mit seinen dichten, dunklen Laricciowäldern und seinem felsstarrenden Thalschlusse. Aus ödem Karboden, in den unser Gipfel nach Osten abstürzte, leuchteten die Seen des Berdato zu uns herauf. Die Sonne brannte, und die Steine waren so heiß, daß ihre Berührung schmerzhaft

Cargèse (Corsica)
22. VIII. 99. –

Marine de Meria
(Cap Corse)
6. Sept
94.

war. Drüben am Cinto ballte sich dichtes Gewölk, und ferner Donner drang an unser Ohr. Wir eilten weiter – die Zeit drängte. Unser Weg führte nach Westen, dem Grat entlang, der Gewitterwolke entgegen. Bald war die Sonne verschwunden; ein kühler Wind trieb die Nebel aus den Felscoulissen zu uns empor. Der Kamm hatte sich zugeschärft, die Kletterei begann. Der Nebel wurde immer dichter. Plötzlich ein lautes srrr, srrr unserer Pickel – schleunigst eilten wir unter die Grathöhe. Einzelne große Tropfen fielen; das Gewitter war mit unheimlicher Schnelligkeit hereingebrochen.

Unausgesetzt grollte der Donner, strömte der Regen. Unter einem hohen Überhang hatten wir notdürftig Schutz gefunden. Wohl lichteten sich die Nebel hie und da auf Augenblicke; ein kurzer Sonnenstrahl, ein schneller Blick in den Thalgrund tief unter uns – dann kamen neue Regenschauer, neue Wolkenmassen drängten sich heran, und hüllten alles in gleichmäßiges, lichtloses Grau. Wir warteten und warteten; Stunde um Stunde verrann. Endlich am späten Nachmittag sanken die Nebel; die Sonne war nun endgültig in ihre Rechte getreten. Wie herrlich glitzerten in tausend Lichtern die nassen Granitplatten, über die noch das Wasser herabsickerte, welch' farbiges Bild boten die grell beleuchteten, im Winde spielenden Nebelfetzen auf dem dunklen Grunde der abziehenden Gewitterwolke! Neues Leben, neue Farben ringsum!

Vier volle Stunden hatten wir ausgeharrt; jetzt verliessen wir unser Versteck und wandten uns wieder der Grathöhe zu. Eine bedeutende Erhebung im Westen war unser nächstes Ziel. Kurz vor ihrem steilen Abbruch drängte uns jedoch der plattige Fels auf die Nordseite, wo sich uns ein gar seltsamer Weiterweg eröffnete: Senkrecht durchsetzte ein mindestens 50 m hoher, kaum meterbreiter Spalt das ganze Massiv, und gestattete den Durchblick auf die gegenüberliegende Gratseite, in genau horizontaler, nicht leichter Kaminkletterei wurde dieses merkwürdige Hindernis überwunden und über steile Platten der erste Kulminationspunkt unseres Grates gewonnen. Es war der Punkt 2606 der franz. G.-K. Wir eilten jedoch ohne Aufenthalt weiter; denn erstens drängte die Zeit, und zweitens erhob sich kaum 1 km von uns entfernt im Westen ein zweiter, noch höherer Punkt, der turmartig dem Kamme entragte und mit fast senkrechter Wand in das Ascothal abstürzte. Einige kurze, glatte Abbrüche ermöglichten den Weiterweg, dann aber drängte uns der zackengekrönte Grat auf die Nordseite, von wo wir jenen Geröllsattel erreichten, der, wie eingangs erwähnt, die beiden Erhebungen trennt. Anfangs über Geröll, dann auf der rauhen Granitschneide näherten wir uns zusehends unserem Ziele.

Es war um die sechste Nachmittagsstunde – die Sonne hatte sich bereits bedenklich gegen den westlichen Horizont geneigt – als wir unseren Fuß auf jene einsame, unbekannte Hochzinne setzten. Wie eine Landkarte lag im Glanze der untergehenden Sonne die ganze Insel vor uns ausgebreitet. Tief unter uns das Ascothal, bereits im Dämmerlichte des Abends; denn der Thalschluß im Westen sandte schon lange, dunkle Schatten aus, und im obersten Grunde, dem Quellgebiete des Stranciacone, lagen dichte, bläuliche Nebelmassen. Gegen Westen, in die Glut des Abendhimmels tauchend, nur wenig verdeckt durch die schwarze, dräuende Gipfelpyramide des Monte Cinto ein Gewirr von Zacken und Spitzen, unter ihnen die herrliche Gipfelgestalt der Punta Minuta mit ihren gewaltigen Wänden und ihren zersägten Graten;

gegen Norden das auffallende Nadelpaar der Punta Stranciacone und darüber hinaus über rosig angehauchten, wallenden Nebeln der Spiegel des Mittelmeers, eine gleißend leuchtende Fläche in purpurnem Lichte des untergehenden Tagesgestirns. Es war ein Bild seltender Pracht und erhabener Großartigkeit, von dem wir uns lange nicht zu trennen vermochten. Erst als die Sonne unter den Horizont gesunken war, und ein frischer Windzug aus der dämmernden Tiefe feuchte Nebel zu uns emportrieb, verließen wir unsere luftige Schneide, ohne es jedoch vorher unterlassen zu haben, auf dem jungfräulichen Gipfel einen gewaltigen Steinmann aufzubauen.

Die Dunkelheit war bereits hereingebrochen, als wir uns unter einem großen, überhängenden Blocke, eingehüllt in unsere Mäntel, auf dem harten, kalten Fels zur Ruhe legten. Die Nacht dauerte endlos lange. Langsam, ganz langsam zogen die Sterne ihre Bahn, einer nach dem anderen ging hinter der schwarzen Wand des Monte Cinto unter, aber nur, um immer wieder neuen Platz zu machen. Gegen Mitternacht erhob sich ein scharfer Wind. Es wurde empfindlich kalt; wir hüllten uns fester ein und rückten näher zusammen. Endlich um die vierte Morgenstunde verkündete ein blasser Schein am östlichen Horizonte das Nahen des Tages. Noch hatte er die Dämmerung nicht verscheucht, als wir bereits aufbrachen.

Unseren ursprünglichen Plan, den Monte Cinto von Osten anzupacken, hatten wir in Anbetracht der durchwachten Nacht und angesichts der glatten, rötlichen Wände, die in greifbarer Nähe vor uns emporstrebten, aufgegeben. Nach einer kurzen Rekognoscierung gegen den Nordostgrat wandten wir uns einer breiten, plattigen

Rinne zu, die ein rasches Absteigen ermöglichte, umgingen tiefer unten das ganze Gipfelmassiv auf der Südseite, und kamen so auf die gewöhnliche, von Calacuccia aus meist benützte Route. Über leichte Felsen und Absätze, zuletzt über Getrümmer roten Granits erreichten wir um 7 Uhr morgens den Monte Cinto, 2710 m, und somit den höchsten Punkt von Korsika.

Die Morgenfrühe war der Rundsicht sehr günstig, einer Rundsicht, wie sie eben nur ein Hochgipfel in unmittelbarer Nähe des Meeres bieten kann. Frei und ungehindert schweift der Blick in unendliche Fernen. Er sucht die feine, weiße Brandungslinie, die der zerrissenen Küste der Insel folgt, er ruht bewundernd auf der regungslosen, leuchtenden Meeresfläche, die sich ausbreitet, so weit das Auge reicht, ja er sucht sogar die Umrisse der französischen und italienischen Küste, deren Lage aber meist nur dichte, am fernen Horizont sich auftürmende Wolkenmassen kennzeichnen. Der Fernblick ist es, der die meisten Besucher des Cinto im Banne hält und fesselt; denn nur dadurch erscheint es mir erklärlich, daß ein Gebiet in nächster Nähe unseres Berges bisher der Aufmerksamkeit der Touristen entgehen konnte, das an Wildheit und Großartigkeit des Aufbaues, an imponierender Wucht seiner Wände und Abstürze, an Zersägtheit und Zerrissenheit seiner Grate und Kämme sich mit mancher gepriesenen Gruppe unserer Kalkalpen messen kann – ich meine die ganze Kette zwischen dem Monte Cinto und dem gewaltigen, im Südwesten aufragenden Felshorn der Paglia Orba. Daß ein solches Gebiet mit Gipfeln wie Capo Larghia, Punta Minuta, Capo Tafonato u. a., die im Panorama des Monte Cinto einen hervorragenden Platz einnehmen, bisher vollständig jungfräulich bleiben konnte, dürfte sicher befremdlich erscheinen, umsomehr als manche namhafte Hochtouristen, u. a. auch Compton, Rochat, Tuckett bereits auf dem Gipfel des Cinto geweilt haben. Uns interessierte diese Kette in hohem Maße; noch niemals hatten wir von irgend welchen Besteigungsversuchen im Bereiche derselben vernommen – unbedingt mußten wir ihr einige Tage widmen.

Fast drei Stunden verweilten wir auf dem Gipfel, dann aber wurde der Abstieg über den noch unbegangenen Nordostgrat angetreten. Eine jähe, hart neben der Gratkante verlaufende, tiefeingeschnittene Rinne mit auffallend violettem bis purpurrotem Gestein von sehr brüchiger Beschaffenheit leitete hinab. Sie umging die abschreckenden Abbrüche, die uns heute morgen zur Umkehr bewogen hatten, auf der Nordseite. Dann nahm uns ein langer, enger Kamin auf, der unterhalb einer tiefen Scharte im Hauptgrat endete, und dessen Fortsetzung nach abwärts jene Plattenrinne bildete, die wir in ihrem unteren Teil bereits heute benutzt hatten. Durch sie gelangten wir auf die obersten Weideböden, die das Quellgebiet des Erco bilden.

Zufrieden mit der strammen Arbeit zweier Tage traten wir nach einer ausgiebigen Rast unseren Heimzug an. Tausend silberne, glitzernde Bächlein und Wasserläufe rauschten hinab, dichtes Erlengesträuch, Christwurz und Berberitze wucherten an den sonnigen Hängen, und unzählige buntschillernde Eidechsen huschten über den Weg.

Gegen 5 Uhr nachmittags erreichten wir über die aussichtsreichen Bergeries de Cesta, 1574 m, wieder Calacuccia, empfangen von blöckenden Schafen, gackernden Hühnern und grunzenden Schweinen, deren ungezählte Mengen die Dorfstraße bevölkerten.

Den folgenden Tag hatten wir dem Capo Bianco, 2554 m, zugedacht, da wir unsere Touren in der engeren Cintokette nicht beschließen wollten, ohne diesem ihrem wichtigen, östlichen Eckpfeiler einen Besuch abgestattet zu haben; und zwar hatten wir gleich nach unserer Rückkehr vom Monte Cinto einen diesbezüglichen Plan entworfen, demzufolge in der Nacht vom 7. zum 8. August an den Hängen des Capo Teri Corscia ein Biwak bezogen werden sollte; den Capo Bianco hofften wir dann über die Seen des Berdato von Süden her zu erreichen.

Anfangs ging Alles nach Wunsch; am 7. abends hatten wir in einem steilen Tobel des Capo Teri Corsica ein Biwak bezogen. Dann aber überraschte uns dort oben mitten in der Nacht ein heftiges Gewitter. Unausgesetzt rauschte der Regen hernieder, der reißende Bach neben uns und die Wasserfälle ringsum dröhnten, der Sturm heulte. Morgens hingen die grauen, feuchten Nebel tief herab. Vollständig durchnäßt traten wir den Rückweg nach Calacuccia an. Glücklicherweise war es der einzige böse Streich, den uns das Wetter in Korsika gespielt hat.

Col de Nino, 1743 m, – Lac de Nino, 1720 m, – Bocca al Croce, 1624 m. Vom korsischen Hochwald mit seinen gewaltigen, uralten Lariccios hatten wir bereits früher Wunder singen hören. Bisher hatten wir ihn nur von weitem gesehen; denn in der Umgebung von Calacuccia oder gar im öden Felsenzirkus des Ercothals würde man vergebens nach einem Wald suchen. Freudig nahmen wir deshalb die Aufforderung unseres Hausgenossen an, eines französischen Botanikers aus Clermont, ihn auf seinem „Jochbummel" zu begleiten, der uns durch den berühmten Wald von Valdoniello über den Col de Nino zum Ninosee und durch das Tavignanothal und über die

Bocca la Croce wieder nach Calacuccia zurückführen sollte.

Wir machten uns also am 9. August schon um 4 Uhr morgens auf den Weg, und verfolgten über Albertacce das Golothal aufwärts. Nach etwa 2 1/2 Stunden nahm uns beim Forsthaus Frascajo der dunkle Laricciowald auf. Die pinus Larix, in Korsika Lariccio genannt, eine unserer nordischen Kiefer sehr nahestehende Art, soll der mächtigste Baum Europas sein, ist aber auf Korsika beschränkt, wo er in den höheren Regionen ausgedehnte Wälder bildet. Die Durchschnittshöhe des ausgewachsenen Baumes beträgt 25–30 m; Exemplare von 35, 40 und mehr Metern gehören jedoch durchaus nicht zu den Seltenheiten. C o m p t o n maß einen behauenen, zum Transport bereiten Stamm mit 35 m, der 30 cbm vollständig astfreies Holz enthielt. Wir selbst beobachteten in dem bis dahin von Touristen noch unbesuchten Thal des Viro Exemplare von noch viel bedeutenderen Dimensionen. Als Solitärbaum und an der Waldgrenze erreicht die Lariccio nicht diese Höhe, imponiert aber dann durch die Majestät und Wucht ihrer Erscheinung, da sie bereits wenige Meter über dem Boden nach allen Seiten ihre gewaltigen Äste aussendet. Solche Bäume weisen oft einen Stammesumfang von 5–7 m auf.

Wir waren, immer im dichten Hochwald auf der neuen Forststraße dahinschreitend, zum Forsthaus Popaya gelangt. Hier wandten wir uns scharf nach links einer Schlucht zu, die vom Monte Tozzo herabzog und an deren Abhang ein Pfad durch Bestand mächtiger Lariccios gegen den Col de Nino emporleitete, der zwischen Monte Tozzo, 2003 m, und Punta Artica, 2329 m, gelegen, einen selten benützten Übergang vom Niolo- ins oberste Tavignanothal darstellt. Bald hatten wir uns der

Waldgrenze genähert. Das Unterholz war verschwunden, nur einzelne Farren und Gräser sproßten im Granitgetrümmer. Staunend sahen wir zu den verwitterten, zerzausten und doch noch so imposanten Baumgreisen empor, die betreten, folgten wir einer Art Wasserleitung, die uns in den öden, nördlich gelegenen Thalkessel führte. Um 8 Uhr standen wir bereits dicht an den Ostabstürzen unseres Berges.

Eine Gratwanderung über sämtliche Spitzen der Cinque Frati wäre eine dankbare und gewiß schwere Klettertour – wir aber begnügten uns heute damit, nur den „ältesten" der „fünf Brüder" auf unser Programm zu setzen. Einige seichte, rinnartige Vertiefungen zogen sich hoch bis gegen die Grathöhe hinauf. Nach kurzer Rast beschlossen wir eine dieser Rinnen zum Aufstiege zu wählen. Sie bot keine sonderlichen Schwierigkeiten, so daß wir unerwartet rasch an Höhe gewannen. Oben verflachten sich die Rinnen und wir wurden nach links gedrängt. Nach etwa zweistündiger Kletterei betraten wir um 1/2 11 Uhr den Grat, der uns nach wenigen Schritten auf einen dem Gipfel südlich vorgelagerten Turm brachte. Jenseits fielen die Wände, von Kaminen und Rissen durchfurcht, fast senkrecht einige hundert Meter ins Virothal. Eine tiefe, schmale Scharte, welche uns noch von unserem Ziele trennte, konnte einige Meter oberhalb ihrer Kehle überspreizt werden. Nach Überwindung der kurzen, jenseitigen Wand setzten wir um 11 Uhr unseren Fuß auf den höchsten Punkt der Cinque Frati, 2003 m. Ob dieser schon vor uns betreten worden war, konnten wir nicht entscheiden, auch späterhin darüber nichts in Erfahrung bringen.

Durch einen tiefen Kammeinschnitt getrennt, überhöhte uns im Norden der Monte Albano. Er versprach einen ausgezeichneten Überblick über die Hauptkette. Nach einer kurzen Rast verließen wir also das kleine Gipfelplateau und wandten uns der Nordwand zu, die etwa 100 m tief sehr steil gegen jenen Kammeinschnitt abstürzte. Schmale, exponierte Grasbänder durchsetzten im Zickzack die Wand, über die vorsichtig der Abstieg bewerkstelligt wurde. Eine kurze Steilstufe, die wir durch Abseilen überwanden, leitete auf weniger geneigtes Terrain und bald konnten wir den begrünten Sattel betreten. Eine Schafherde, die uns neugierig zugesehen hatte, stürmte in wilden Sprüngen zu Thal, als wir an ihr vorbei dem Monte Albano zuschritten, der sich von hier als breiter, rinnendurchfurchter Felskegel darstellt. Tief eingerissene Rinnen von mäßiger Neigung und einige kurze Wandstellen brachten uns wieder zur Höhe, und bereits eine Stunde nach unserem Aufbruch vom Nordgipfel der Cinque Frati standen wir auf dem breiten, mit Blockwerk bedeckten Gipfel des Monte Albano, 2026 m.

Der Blick auf die sich uns gegenüber auftürmende Hauptkette war überraschend großartig. Aus der waldigen Tiefe des Virothals, dessen stiller Grund wohl von keines Touristen Fuß betreten worden, und dessen Bestand uralter Laricciokiefern noch keine Axt berührt hat, starrten gewaltige, rote Granitwände empor, gekrönt von trotzigen Gipfeln und kühnen Zacken und Zinnen.

Einige kurze Bemerkungen über diesen Teil der Hauptkette, der bisher bei keinem Autor irgend welche Beachtung erfahren hat, mögen hier ihren Platz finden. Den Abschluß nach Süden bildet das so charakteristische Felshorn der Paglia Orba, 2523 m, das mit einem ungefähr 400 m hohen, beinahe senkrechten Abbruch nach Nordosten auf den zersägten Grat, die Fortsetzung des Hauptkammes, abstürzt, der hier eine Reihe auffallender Türme trägt. Der nördlichste derselben ist besonders markant und ist auch auf der franz. G.-K. mit 2250 m kotiert. In einer Entfernung von fast 2 km von der Paglia Orba folgt als nächster kulminierender Punkt im Hauptkamm der Capo Uccello, dessen Kote mit 2176 m offenbar viel zu niedrig gegriffen ist. Von seiner edel geformten Pyramide setzt sich der Grat als scharfe, ausgeschartete Schneide zum Capo Tighietto, 2241 m, fort, auf der franz. G.-K. ist dieser Gipfel mindestens 1 km zu weit nordöstlich eingetragen. Der etwa 2 km lange, stellenweise recht zerrissene Verbindungskamm zur dominierenden Gipfelgestalt der Punta Minuta, 2547 m, weist in seiner Mitte eine breite Einschartung auf (eventuell ein Übergang in das Thal von Larghia Vecchia). Östlich der Punta Minuta türmen sich die trotzigen Felsbauten eines unbenannten Gipfels, ca. 2470 m, und des dreigipfeligen schroffen Capo Larghia, 2520 m, auf, die von unserem Standpunkt aus leider durch die breite Südwestflanke des Monte Falo teilweise verdeckt erschienen. Von irgend welchen Ersteigungen dieser Gipfel war uns nichts bekannt, nur die Paglia Orba war einmal bei der Landesaufnahme betreten worden.

Höchst zufrieden mit den Resultaten unserer Rekognoscierung verließen wir unseren Gipfel nach einstündigem Aufenthalt. Eigentlich war es ein gewagtes Unterfangen, für heute noch den im Norden aufragenden Monte Faló, 2549 m, auf unser Programm zu setzen; konnten wir es uns doch an den fünf Fingern abzählen, daß uns Mangel an Zeit alsbald zur Umkehr zwingen würde. Trotzdem verfolgten wir über zwei Stunden lang den Grat und erreichten schließlich den P. 2280 der franz. G.-K., einen wenig markanten Vorsprung, wo wir umzukehren beschlossen.

Unseren Abstieg nahmen wir direkt in den Kessel von Calasima. In der Nähe einiger armseliger Schafhütten stießen wir auf einen kaum kenntlichen Steig, der uns, sich längs der steinigen, ginsterbewachsenen Hänge hinziehend, nach Calasima selbst brachte. Ohne Aufenthalt setzten wir unseren Weg fort und wanderten noch am selben Abend thalaus nach Calacuccia.

Virothal – Capo Uccello, 2176 m (?) (I. Erst.). Am 12. August war endlich der Tag angebrochen, an welchem wir unsere Expedition in den wildesten Teil der Insel antreten sollten. Den ganzen vorhergehenden Tag waren die nötigsten Vorbereitungen getroffen worden. Wir hatten ein kräftiges Maultier gemietet, das unser umfangreiches Gepäck, bestehend aus den zwei wohlbepackten Rucksäcken, Pickeln, vier photographischen Apparaten, dicken wollenen Decken und Proviant für fünf Tage, an Ort und Stelle schaffen sollte. Im obersten Thalboden des Viro war auf unserer Karte eine Schafhütte eingezeichnet, die Bergerie de Ballone. Trotzdem sie in Calacuccia niemand kannte, so hegten wir doch über ihre Existenz keinen Zweifel, und da sie uns als Ausgangspunkt für unsere geplanten Hochtouren ausgezeichnet geeignet erschien, beschlossen wir kurzer Hand, für fünf Tage von dieser Bergerie Besitz zu ergreifen.

Es dämmerte noch, als wir aufbrachen. Eine Stunde thaleinwärts verließen wir die Straße, und stiegen auf bekannten Pfaden nach Calasima empor. Diesmal blieb uns keine andere Wahl, als unseren Weg durch das Dorf selbst zu nehmen und uns durch die engen, schmutzigen Gassen und grunzenden Schweine zu winden. Das größte

Hindernis bildeten aber die Bewohner dieses weltentlegenen Nestes selbst. Gruppenweise umringten sie uns, betasteten neugierig unsere Pickel und bestürmten unseren Treiber mit Fragen. Endlich hatten wir den Ausgang des Dorfes gewonnen und bald lag diese letzte menschliche Wohnstätte hinter uns – wir waren in das Virothal eingebogen.

Ein holperiger, steiniger Pfad führte an den Berghängen entlang, durch kümmerliche Weiden. Die gegenüberliegende Thalseite war mit dichtem Hochwald bestanden, aus dem die Punta Castelluccia ihr edelgeformtes, felsiges Haupt erhob. Die brennenden Sonnenstrahlen machten sich bereits unangenehm bemerkbar, und wir sehnten uns nach Schatten. An der Thalbiegung betraten wir den Wald, einen Bestand gewaltiger Laricciokiefern, wie wir ihn an keiner Stelle der Insel mehr angetroffen haben. Wie die Säulen eines gotischen Doms strebten jene kolossalen Stämme empor, ohne Unterholz dem farrenbestandenen Waldboden entragend, in angemessener Entfernung von einander; kaum vermochten die Sonnenstrahlen das dichte, dunkelgrüne Dach zu durchdringen, das jene Säulen trugen. Aber Sturm und Wetter und frevelnde Menschenhand haben auch hier gewütet. Mancher gestürzte Baumriese redet hievon eine beredte Sprache. Der korsische Hirte mag den Wald nicht leiden, er zündet ihn an, wo er kann; die schärfsten Strafen konnten bisher diesem Frevel keinen Einhalt gebieten. Und welchen Vorteil haben die Leute davon? Für einige Jahre kärgliches Weideland für ihre Ziegen und Schafe; dann wird selbst für diese genügsamen Tiere der Weideboden zu arm, die Hirtenhütten werden verlassen, und an der Stelle, wo einst dichter, kräftiger Wald bis hoch zu den Felsen reichte, trifft heute der Wanderer ausgebrannte steinige Hänge, die höchstens noch dem stacheligen Ginster und dem Bergwacholder Boden und Nahrung bieten. Ganze Striche der Insel sind auf diese Weise ihres Waldbestandes beraubt worden, und noch heute sind die Waldbrände in Korsika an der Tagesordnung. Im Hochgebirge ist zwar der größte Teil des Forstareals erhalten geblieben, doch auch hier zeigen Thäler wie das schon geschilderte Ercothal, welchem Schicksal der Hochwald der Insel entgegensieht.

Wir waren inzwischen bis zur obersten Thalstufe vorgedrungen, über die der junge Viro in lustigen Kaskaden herabeilte. Der Wald hatte sich gelichtet. Unmittelbar vor uns erhoben sich die glatten, roten Granitmauern, die jeden Weiterweg abzusperren schienen, zur Linken stürzte in einer einzigen, wohl 1200 m hohen Plattenflucht die Paglia Orba zu Thal, deren Gipfelturm wie aus Erz gegossen zum Himmel ragte. Etwa um 9 Uhr erreichten wir einen kleinen, freien Platz, dicht am Fuße der zum Capo Ucello emporziehenden Plattenwände. Aus rohen Granitblöcken waren hier eine Reihe von Steinmauern aufgeschichtet – wir hatten die Bergerie de Ballone vor uns. Zur Rechten rauschte ungestüm der Bach; vereinzelte mächtige Lariccios standen im Hintergrunde. Inmitten einiger für die Ziegen bestimmter Steinpferche lag das „Wohnhaus“. Vier niedrige Mauern primitivster Art umgaben einen Raum von höchstens 6 qm; einige Balken waren darüber geschichtet – das war alles. Im rußigen Inneren hingen an den Wänden ein paar dicke, selbstgewobene Wollmäntel – die „pelone“ der korsischen Hirten – und zwei Gewehre. Draußen bemerkten wir an Pfählen eine Anzahl Holzkübel und Kupferkessel. Kein Mensch ließ sich weit und breit sehen, nur einige schwarze, magere Schweine schnüffelten am

Boden herum. Feierlich nahmen wir von der Bergerie Besitz, brachten so gut es ging unsere Sachen unter, und entließen unseren Treiber mit der Weisung, uns nach fünf Tagen wieder abzuholen.

Von diesem Augenblicke an mußten wir auf die Gastfreundschaft jener Leute rechnen, von denen wir nichts wußten, die wir noch nie gesehen, und in deren Behausung wir es uns obendrein mit der größten Unverfrorenheit bequem gemacht hatten. Unwillkürlich trat uns das korsische Banditenleben vor die Augen und wir waren begierig der Dinge, die da kommen sollten.

Es war noch früh am Tag. Wir mußten heute noch etwas unternehmen, es trieb uns aufwärts in die luftigen, unbekannten Höhen. Als nächster Gipfel konnte für heute nur der Capo Uccello in Betracht kommen. Eine steile, S-förmig gebogene, plattige Schlucht, welche dicht an der Bergerie mündete, und über deren letzte Steilstufe ein Wasserfall herabrauschte, zog sich anscheinend hoch hinauf; sie mußte den Aufstieg vermitteln. Bevor wir aber die Hütte verließen, hinterlegten wir einen Zettel, es seien zwei Touristen gekommen, die für fünf Tage um das Gastrecht in der Bergerie bäten. Natürlich war es noch sehr zweifelhaft, ob einer der Leute zu lesen verstand. Dann aber wandten wir uns den Felsen zu. Der Einstieg befand sich etwa drei Minuten entfernt, die Kletterei konnte sofort beginnen. Die Schlucht, welche orographisch rechts von einem nach Südosten ziehenden Seitengrat des Capo Uccello begrenzt war, führte uns bald leichter, bald schwieriger zur Höhe, und bereits nach 1½ Stunden betraten wir bei ihrer zweiten Biegung eine von roten Wänden eingeschlossene Mulde. Zur Linken strich ein scharf ausgeprägter Grat herab, der in wenig einladenden Wänden zur Schlucht abfiel.

Was thun? Über die Lage unseres Gipfels konnten wir uns nicht einigen. Wir hielten Kriegsrat. Ich schlug vor, zu einer nordwestlich gelegenen Scharte emporzuklettern, während Kleintjes den Gipfel viel weiter links vermutete und den Grat für den einzig richtigen Zugang hielt. Die Wand, die zu diesem emporführte, sah aber sehr böse aus. Zunächst kam ein enger, schiefer Riß in Betracht, der die unterste, steilste Partie der Wand durchzog. Nach harter Arbeit mußten wir ihn aufgeben und wandten uns einer weiter links gelegenen Felskante zu, an deren äußerste Ecke wir aufwärts kletterten. Die wenigen Griffe und Tritte waren wegen der Brüchigkeit des Gesteins nur mit Vorsicht zu benützen. So gewannen wir die obersten, weniger geneigten Platten und bald darauf auch den Grat. Ein großartiger Blick auf den prallen, gewaltigen Absturz der Paglia Orba überraschte uns oben. Leider fielen aber schon überall dichte Nebel ein. Nach kurzer Zeit setzten wir unseren Weg auf der steilen, luftigen Gratschneide fort. Einige Türme wurden teils überklettert, teils umgangen, und um 1 Uhr betraten wir den Gipfel des Capo Uccello.

Nirgends eine Spur menschlicher Anwesenheit. Nach Norden fiel unser Gipfel mit mauerglatten Wänden ab; dort unten brauten und wallten die Nebel, die uns leider auch die übrigen Gipfel verhüllten. Nur zeitweilig tauchte ein imposanter Gratturm aus den Wolkenmassen auf. Erst um ½ 3 Uhr verließen wir unseren Steinmann. Diesmal stiegen wir direkt nach Osten in die Schlucht ab, ohne auf ernste Schwierigkeiten zu stoßen. Diese Route dürfte demnach auch für den Aufstieg die empfehlenswertere sein. Zum Abstieg benötigten wir etwas über zwei Stunden, so daß wir gegen 5 Uhr wieder vor unserer Bergerie standen.

Es ließ sich noch immer niemand blicken. Endlich gegen Abend erschien einer der Hirten mit struppigem Bart und einem Gewehr um die Schultern. Er schien sehr erstaunt, Fremde vorzufinden. Als wir ihn höflich baten, hier einige Nächte verbringen zu dürfen, brummte er ein paar zustimmende Worte. Offenbar traute er uns nicht recht. Unterdessen erschien noch eine ganze Anzahl solcher Gestalten, die meisten mit Flinten bewaffnet. Sie wollten, wie sie sagten, morgen auf die Jagd gehen.

Es war dunkel geworden. Mitten in der Hütte hatten die Hirten ein Feuer angemacht, um welches sie sich im Kreise lagerten. Draußen in den Pferchen wurden die Ziegen gemolken, die inzwischen ebenfalls eingetrieben waren.

Wir betraten die Bergerie; es war sehr eng, aber die Leute machten uns Platz, wohl mehr aus Neugier. Das flackernde Feuer warf unruhige, phantastische Lichter auf die wilden Gestalten, die sich halblaut im korsischen Dialekt unterhielten. An der Wand hingen ihre Gewehre und Pistolen – es lag unbedingt etwas Romantisches in der Situation.

Aus der Unterhaltung, die wir mit ihnen anknüpften – zwei sprachen ein gebrochenes Französisch – konnten wir entnehmen, daß sie selbst die wichtigsten Berge ihrer Umgebung nicht kannten, trotzdem sie lange Jahre bereits die Bergerie bezogen, und auch oft auf Jagd auf das Mouflon – das korsische Bergschaf – oblagen. Der Begriff der Touristik war ihnen vollkommen fremd, und als wir ihnen erzählten, wir seien von ferne hergekommen, um das Gebirge zu erforschen und die höchsten Gipfel ihrer Berge zu besteigen, da hatten sie für uns nur ein mitleidiges Lächeln übrig; so was Einfältiges war ihnen augenscheinlich noch nie vorgekommen.

Paglia Orba (2525 m), von der Grotte des Anges im Viru-Tal aus.

14. August 1899. 106., Punta Minuta (2547 m). I. Erst.

Begleiter: Klenitzer

Zeiten:

Bie de Ballone ab	6^{20}
Rast a. d. Schluchten	6^{40}–7^{00}
Rast (ca 2050 m)	8^{12}–8^{45}
Bocca Rossa	9^{30}–10^{00}
Punta Minuta	10^{20}–1^{00}
Rast	2^{20}–2^{50}
Bie de Ballone	4^{05}.

Bemerkg: Veröffentl.: VII. Jb. A.A.V.M. 1898/99. S. 41 u. Z. d. D.Ö.A.V. 1901. S. 184.

Spät abends erst verstummte das Gespräch. Die Hirten hüllten sich in ihre Pelone; auch wir legten uns zur Ruhe. Das Feuer wurde die ganze Nacht unterhalten.

Paglia Orba, 2525 m. Es war ein herrlicher Morgen, der des 13. August. Zwar herrschte noch Dämmerung ringsum, als wir uns erhoben, und der nasse Tau glänzte an den Gräsern und Ginsterbüschen vor unserer Bergerie. Doch oben, hoch über uns machte der anbrechende Tag bereits seine Herrschaft geltend; der Nebel, der Nachts die Spitzen umlagert hatte, war gesunken und purpurn erglühten die Gratzacken des Capo Uccello im Lichte des aufgehenden Tagesgestirns.

Der Paglia Orba sollte heute unser Besuch gelten, dem charakteristischsten Felshaupte von Korsika. Von der uns zugekehrten Ostseite dem Gipfel beizukommen, war – das hatten wir gesehen – völlig aussichtslos. Der stolze, dunkelrote Granitturm ist hier mit einem Plattenpanzer angethan, so erschreckend, so steil und mauerglatt, daß dessen Bezwingung ohne künstliche Hilfsmittel wohl niemals gelingen dürfte. Wohl wäre ein Vordringen bis zur Höhe des nach Nordosten sich fortsetzenden Grates möglich, dann aber erscheint jeder Weiterweg an dem 400 m hohen, beinahe senkrechten Gipfelabbruch unbedingt ausgeschlossen. Es blieb uns also nichts übrig, als das ganze Massiv zu umgehen und von Südwesten dem Gipfel beizukommen zu versuchen. Wir verabschiedeten uns von den Hirten und verließen die Bergerie; unser nächstes Ziel war der Col Fuggiale*, eine breite Grateinsenkung südlich der Paglia Orba.

* 1992: Bocca di Foghieghiallu.

Was es heißt, in einem unbewohnten und unbekannten Bergland, wo nicht die geringste Wegspur, sei es auch nur der dürftigste Schafsteig, den Wanderer durch den verwahrlosten Hochwald und das widerspenstige Unterholz zur Höhe führt, stundenlang über Blockwerk, gestürzte Baumstämme und Wasserrinnsale, bald an der Felswand entlang, bald durch dichtes, stacheliges Gebüsch von mannshohem Ginster, Wachholder und Berberitze sich durchzuarbeiten, das hatten wir in den Vormittagsstunden jenes 13. August reichlich auszukosten. Wir hielten uns stets über der Baumgrenze, dicht unter den Plattenwänden entlangquerend, die vom Hauptgrat gegen Südwesten herabschossen.

Ein kurzes, schluchtartiges Querthal gebot plötzlich Halt. Es entsprang direkt aus den senkrechten Abstürzen der Ostwand der Paglia Orba, die von hier aus einen so überwältigenden Eindruck machte, daß wir lange staunend zu diesem Riesenzahn emporblickten, dessen feuerrote Felsflanken gar seltsam mit dem Blau des Himmels kontrastierten. Es war zweifelsohne das imposanteste Hochgebirgsbild das uns in Korsika entgegengetreten war.

Nach etwa zwei Stunden standen wir am unteren Ende eines mit dichtem Erlengesträuch bestandenen, sehr steilen Grabens, durch dessen zähes Gestrüpp wir uns in der glühendsten Sonnenhitze förmlich durchringen mußten. Es war ein hartes Stück Arbeit, bis wir endlich erschöpft die Paßhöhe erreicht hatten. Zu unseren Füßen rauschten die Quellwasser des Golo in öder Schlucht, draußen im Westen brandete das Meer an den roten, granitnen Vorgebirgen. Trotzdem das einförmige Geröll der Jochhöhe wenig zur Rast einlud, verließen wir erst nach einer Stunde unseren sonnendurchglühten Ruheplatz, um uns einer auffallend roten Felsstufe zuzuwenden, die im Norden jäh aus dem Geröll aufragte und allem Anscheine nach zunächst überwunden werden mußte. Langsam strebten wir aufwärts; zur Linken eröffnete sich ein trümmererfüllter Karboden, dessen nördliche Begrenzung der schroffe, dreigipfelige, wahrscheinlich noch jungfräuliche Capo Tafonato, 2343 m, darstellt. Ein gewaltiger, angeblich 150 m im Durchmesser betragender, natürlicher Felstunnel durchsetzt von Nord nach Süd das ganze Gipfelmassiv, ein seltenes Beispiel ausgedehntester Verwitterung.

Bald standen wir vor unserer Wandstufe, in die drei Breschen geschlagen waren, zur Linken ein schluchtartiges Couloir, dessen unteres Ende gewaltiges Getrümmer kennzeichnete, zur Rechten zwei parallele Risse. Den rechten derselben erkoren wir uns als Angriffsobjekt – was sich später als recht unzweckmäßig herausstellte – und gelangten durch diesen zu einem horizontal verlaufenden Band, an dessen Ende sich eine kurze, aber ganz seichte, grifflose Rinne von außerordentlicher Steilheit emporzog. Die Überwindung dieser kaum 8 m hohen Kletterstelle war sehr anstrengend und gelang erst nach mehrfachen Versuchen. Dann aber waren die Schwierigkeiten zu Ende; ein schwach geneigter Felshang brachte uns ohne jede Kletterei zum weithin dominierenden Gipfel der Paglia Orba, 2525 m. Aber statt der erhofften Aussicht empfingen uns oben dichte Nebelmassen, die uns in einem Augenblick in ihr feuchtes Grau eingehüllt hatten. Etwas unterhalb des Gipfels, auf einem vom Thal aus sichtbaren Vorsprung, erhob sich ein Steinmann. Unsere sofort unternommene Suche nach Notizen blieb erfolglos; wahrscheinlich hatten wir es mit einem Vermessungszeichen zu thun.

Jetzt lichteten sich auf einige Minuten die Nebel. Wir sahen staunend auf jenen riesigen, senkrechten Abbruch hinab, auf die Fortsetzung des Grates, dessen Türme wie die Finger einer ausgestreckten Riesenhand zu uns emporstarrten. Gegen Norden und Osten aber fand das Auge erst weit über 1000 m tiefer einen Ruhepunkt, dort zwischen wallenden Nebeln in einem einsamen Hochkar, dessen Wasser sich tiefer unten in den Wildbach von Larghia Vecchia ergossen, hier aber über die glatte Plattenflucht hinab ins Virothal, wo dichter Wald freundlich zu uns emporgrüßte. Über den wogenden Wolken aber am nördlichen und westlichen Horizonte glänzte die weite Meeresfläche – es waren selten schöne Kontraste. Doch das herrliche Bild verschwand, so schnell es gekommen. Wie jagten und huschten die wirren Nebelgestalten empor an den glatten Wänden und durch die Schluchten und Korridore, wie ballten und bäumten sie sich um die starren, dunklen Felszacken zu unseren Füßen! Die heiße Sonne, unser unlieber Quälgeist, war verschwunden, und ein kalter Wind, der gar unfreundlich aus der Tiefe zu uns emporgebraust kam, mahnte zur Umkehr.

Spät abends erst waren wir heute zur Bergerie gekommen. Den Abstieg hatten wir durch das obenerwähnte schluchtartige Couloir genommen, das mit seinen oft hausgroßen, zwischen Wänden von feuerrotem Granit eingeklemmten Blöcken des Originellen genug bot. Ein riesiger Granitwürfel krönt in seltsamer Weise den östlichen der Pylonen und mag als markantes Zeichen für denjenigen erwähnt sein, der durch diese Schlucht aufzusteigen beabsichtigt.

Vor der Bergerie war es noch recht lebendig. Die Hirten waren von der Jagd zurückgekommen und eben dabei, ihre Beute, ein junges Mouflon, das sie in den Wänden der Mufrella erlegt hatten, auszuweiden. Mitten aufs Blatt hatte es die Kugel getroffen und zufrieden mit ihrem Erfolg, besprachen sie lange noch dies wichtige Ereignis.

Inzwischen leuchteten bereits die ersten Sterne am Himmel auf; immer tiefere und tiefere Schatten senkten sich in die einsamen Schluchten und auf die finster aufragenden Wände ringsum; neben uns rauschte der Bach sein eintöniges Lied und ein leiser Wind strich durch die Wipfel der nahen Laricciokiefern. In der Bergerie aber flackerte ein lustiges Feuer. Hartes korsisches Brot, das uns die Hirten anboten, mit Steinen klein geschlagen und in einen Kübel Milch gebrockt, war heute unser Nachtmahl. Dann aber trat der Schlaf in seine Rechte, der trotz des unbequemen Lagers uns bald umfangen hatte.

Punta Minuta, 2547 m, (I. Erst.). Der Morgen des 14. August nahte. Um die Dämmerstunde hatten sich die Hirten erhoben. Ein mehrtägiges Fest wurde in Calasima unten gefeiert und da durften sie bei Messe und Absinthglas nicht fehlen. Viel Glück und Erfolg wünschten sie uns; wir dankten ihnen für ihre Gastfreundschaft; dann wandten sie sich mit geschulterten Flinten zum Gehen und waren bald unseren Blicken verschwunden.

Wir aber lenkten unsere Schritte gen Norden dem engen Thalschluß zu, in dessen Hintergrunde die stolze, noch unerstiegene Punta Minuta, einer der bedeutendsten Hochgipfel der Insel, im Morgensonnenglanze zu uns herniedergrüßte. Ein Hain hochstämmiger Larricciokiefern nahm uns auf, der Tau perlte zu den üppichen Wedeln der Adlerfarren, daneben stürmte in lustigen Sprüngen das klare Bergwasser des Viro zu Thal. Nach etwa 20 Minuten gebot der Vereinigungspunkt zweier breiter Schluchten Halt und Überlegung. Zur Linken der ausgeschartete Hauptgrat, zur Rechten eine sanft ansteigende plattige Schlucht, in deren obersten Teil der eigenartige Turmbau des Capo Larghia in erschreckender Wand abstürzte. Nach kurzer Rast fiel die Entscheidung auf die östliche der beiden Schluchten. Von ihr aus mußte versucht werden, über die Südostflanke unserem Gipfel beizukommen.

Das Terrain bot zunächst keine großen Schwierigkeiten; auf ungeheuren, schwachgeneigten Granittafeln, die nur hie und da in charakteristischer Weise von kleinen Absätzen unterbrochen waren, ging es aufwärts. Dann aber öffnete sich uns zur Linken eine steile, plattige Nebenschlucht, welche uns ein Vordringen bis dicht unter den Hauptgrat in Aussicht stellte. Über eine Stunde kletterten wir in ihr ununterbrochen aufwärts, bis wir um ½ 10 Uhr auf dem Hauptgrat standen, und zwar in einer tiefeingeschnittenen Scharte zwischen Punta Minuta im Westen und einem unbenannten Gipfel zweiten Ranges im Osten. Ein rauhes Hochkar, dessen Boden wohl noch keines Menschen Fuß betreten, lag nordwärts zu unseren Füßen. Über dem außerordentlich zerrissenen und mit imposanten Türmen gekrönten Nordgrat der Punta Minuta glänzte das Meer. Unten aber im Quellgebiet des Stranciacone und am Monte Cinto im Osten bewegten sich träge die grauen Wolken. Auch von Westen fielen jetzt die Nebel ein, ein Zeichen für uns, schleunigst die Anstiegslinie festzusetzen.

Eine Rinne vor uns führte ziemlich hoch ins Gewänd. An ihrem Ende mußte ein Quergang in eine westwärts gelegene Parallelrinne ausgeführt werden, die dann in der Nähe des Gipfels auf leichteres Terrain zu leiten schien.

Wir waren eben mit unserer Überlegung zu Ende, als uns schon ein dichter grauer Schleier umfing. Das obere, in steile und glatte Platten ausgehende Ende der ersten Rinne war bald erreicht. Hier mußte also anscheinend die Traverse nach Westen gemacht werden. Dichtes Grau verhinderte jede Orientierung. Vorsichtig überkletterten wir auf schmalem Bande eine südwärts verlaufende Felscoulisse. Auf Augenblicke riß jetzt der Nebelschleier unter uns; wir blickten direkt einige hundert Meter in die Schlucht hinab, die wir zum Aufstieg benützt hatten. Richtig – nach einigen Schritten standen wir in einer zweiten Rinne, die oben auf geröllbedeckten Fels leitete. Wir kletterten noch in der Rinne, als es plötzlich hell um uns wurde und der tiefblaue italienische Himmel über uns sichtbar wurde. Noch einige Schritte, und wir betraten die weithin dominierende Spitze.

Der orographischen Bedeutung der Punta Minuta habe ich bereits zu Eingang dieses Aufsatzes kurz Erwähnung gethan – ihr aber geradezu klassisches Panorama, das neben einer imposanten Fernsicht vor allen Dingen auch interessante Einblicke in den wildesten und verworrensten Teil des korsischen Hochgebirges gestattet und darin das des Monte Cinto weit übertrifft, stempelt unseren Gipfel unbedingt zu dem besuchenswertesten der ganzen Insel. Trotz der größeren Entfernung von Calacuccia (etwa 8½ Std.) und trotz ihrer geringeren Höhe ist die Ersteigung der Punta Minuta weit empfehlenswerter und interessanter als die des Monte Cinto, der von jener Thalstation aus eine höchst eintönige und ermüdende Tour darstellt.

Drei Stunden weilten wir bei herrlichem Wetter auf der luftigen Zinne. Die drei gewaltigen Granitketten, auf derem Ausstrahlungspunkte wir uns befanden, der imposante Tiefblick über die glatte Nordostwand fast 2000 m tief hinab in den dunklen Thalgrund von Filosorma, darüber das Meer mit seinen tiefen Buchten, das alles hielt uns lange in Bann. Dann aber wünschten wir unserem stattlichen Steinmann gute Unterhaltung mit Wind, Wetter und Sonnenschein, nahmen unsere Pickel zur Hand, und abwärts ging's wieder unserer Bergerie zu.

Heute abend hofften wir allein zu sein. Als wir vor die armselige Steinhütte traten, war alles still; die Hirten waren ja weit über alle Berge. Allmählich brach die Dunkelheit herein. Unter den nahen Laricciokiefern holte ich harziges Holz herbei, und bald loderte ein lustiges Feuer auf, bei dem wir unser frugales Mahl, bestehend aus Käse und hartem Brot, einnahmen.

Es mochte 9 Uhr sein, als sich in unserer unmittelbaren Nähe ein schriller Pfiff vernehmen ließ. Wir eilten vor die Bergerie und hörten Schritte, die von der Bergseite her kamen. Einige Augenblicke später standen wir einem bewaffneten Manne gegenüber; ein großer schwarzer Hund war sein Begleiter. Offenbar hatte er die Hirten vermutet; denn als er uns sah, schien er etwas verdutzt und fragte uns hastig nach unserem Begehr. Es war ein unheimlicher Geselle, die gespannte Flinte im Arm, die Kleidung zerfetzt, Gesicht und Hände beschmutzt. Wir unsererseits begrüßten ihn zuvorkommend, und boten ihm an, mit uns in der Hütte die Nacht zu verbringen. Nach einigem Zögern trat er herein, sein Hund aber legte sich in die Thüröffnung, einen Platz, den er auch die ganze Nacht hindurch nicht verließ.

Anfangs mißtrauisch und wortkarg, wurde er allmählich mitteilsamer; offenbar schien er eingesehen zu haben, daß ihm von unserer Seite keine Gefahr drohe. Lange erzählte er uns von seiner wechselvollen Vergangenheit, seiner Dienstzeit in Afrika und Tonkin, seinem rastlosen Umherstreifen in den heimatlichen Macchies, und entrollte uns ein Lebensbild voller Gefahren und Entbehrungen. Unwillkürlich empfanden wir Mitleid mit diesem Menschen – ein beneidenswertes Dasein schien er gewiß nicht zu führen; dafür war uns sein heruntergekommenes Aussehen ein gar zu beredtes Zeugnis.

Lange hatten wir schon den Wunsch gehegt, einmal einen „echten" korsischen Banditen zu sehen. Amanda Blankenstein weiß in ihren „Reiseskizzen aus Corsica" gar romantisch über ihr Zusammentreffen mit solchen Banditen zu plaudern. Nun hatten wir unzweifelhaft einen solchen vor uns – was uns auch später in Calacuccia bestätigt wurde. Möglich, daß sich diese Opfer der Vendetta gegen jene Dame doch in etwas anderem Lichte gezeigt haben; uns aber ließ dabei der Gedanke an Romantik und Heldentum im Stich. Es sind doch recht arme Teufel, diese Banditen!

Als wir am nächsten Morgen aufwachten, hatte unser Schlafgenosse bereits die Bergerie verlassen.

Capo Larghia, 2520 m, (I. Erst.) – Monte Faló, 2549 m. Das Beste zuletzt! So hatte unsere Devise gelautet. Die trotzigste Gipfelgestalt Korsikas, der Capo Larghia, ein unnahbar aussehender glattpolierter Granitklotz, starrte dort im Thalschluß so abweisend und doch so anziehend! Ihm galt heute unser letzter Tag im nordkorsischen Hochgebirge; darum auf zu frischer, fröhlicher Kletterarbeit!

Zunächst ging es noch auf bekannten Pfaden aufwärts. Jene Schlucht, die vom Col de Crocetta herabzieht, und die gestern in ihrem unteren Teil zum Aufstieg auf die Punta Minuta benützt worden war, sie sollte uns heute unmittelbar an den Wandabsturz des Capo Larghia führen. Wir waren um 6 Uhr aufgebrochen und um 7 Uhr brannte bereits die Sonne empfindlich. Die orographisch linke Begrenzung der Schlucht bildet der Südwestgrat des Monte Faló; hier, dicht an den Wänden des Faló aufwärtsschreitend, fanden wir Schatten. Imposant präsentiert sich von hier die Kette der Paglia Orba durch die Wucht ihrer Wände und die Formenschönheit ihrer Gipfel. Die feingeschnittene Felspyramide des Capo Uccello neben dem riesigen Turm der Paglia Orba im Hintergrunde ist ein Bild seltener Großartigkeit und Schönheit.

Eine Eisrinne mußte stufenschlagend gequert werden. Dann bildete ein auffallender Felszahn, der in etwa 2150 m Höhe die Schlucht gabelt, unser Direktionsobjekt. Wir näherten uns zusehends unserem Berge; denn die Kletterei war leicht und ging flott vonstatten. Oben fanden wir noch Wasser und hielten kurze Rast (8.30 bis 9 Uhr).

Eine merkwürdige Berggestalt, dieser Capo Larghia! Wir hatten jetzt Muße, ihn zu betrachten: Als riesiger, vierkantiger, stumpfer Felskeil erschien er dem Hauptkamme aufgesetzt. Die zersägte Gipfelschneide zeigte drei ungefähr gleichhohe Kulminationspunkte, deren westlicher durch eine kolossale, etwa 60 m tiefe, rechteckige Scharte von den beiden übrigen getrennt war. Die uns zugekehrte Südwand schien mauerglatt, ein einziger Plattenschuß ohne jede Gliederung. Nur zur Rechten nahe der Südostkante konnten wir eine ganz seichte, in derselben Richtung verlaufende Plattenrinne erkennen, die in einer Länge von etwa 200 m in der Wand eingekerbt war. Nach unten brach sie ab, und wenn nach oben von ihr ein Zugang zum Gipfelgrat überhaupt möglich war, so konnte nur ein feiner, vertikaler, schwarzer Riß in Betracht kommen.

Ich muß offen gestehen, daß meine Hoffnung auf ein Minimum gesunken war, als wir uns, einen größeren Geröllhang querend, der Wand näherten, wo wir ein Band entdeckt hatten, das uns wenigstens in die Nähe der Plattenrinne zu führen versprach. Es brach nach etwa 20 m in einen senkrechten, umgekehrt trichterförmigen Kamin ab. Gelang es uns, tiefer unten aus diesem herauszuqueren, so stand uns der Zugang zur Rinne offen. Wir legten die Kletterschuhe an und spreizten uns etwa 6 m ab, bis uns die glatten, weit auseinandertretenden Kaminwände zwangen, den Quergang nach rechts über stark geneigte Platten auszuführen. Etwa zehn Minuten nach Verlassen des Bandes standen wir am Beginn der Rinne, welche sich in einer durchschnittlichen Neigung von 50° emporzog.

Über die Kletterei selbst läßt sich wenig sagen. Außergewöhnliche technische Schwierigkeiten waren nicht zu überwinden und doch geboten die Stellen größerer Neigung Ruhe und Vorsicht. Wir näherten uns dem schwarzen Riß; er erwies sich als eine Reihe tiefeingeschnittener Kamine, die ein Aufwärtsspreizen an ihrer exponierten Außenkante erforderten; ihre Überwindung war anstrengend. Gegen ½ 11 Uhr betraten wir den Gipfelgrat, eine scharfe Schneide. Drüben fielen die Wände senkrecht auf ein in die Nordwand unseres Gipfels eingelagertes Schneefeld ab. Dann noch einige Schritte, und wir standen auf dem kleinen, geröllbedeckten Plateau des Ostgipfels. Ein weithinschallender Juchzer verkündete der stillen Umgebung unseren Sieg. Weit dort unten lag unsere Bergerie mit ihren kaum erkennbaren Steinpferchen. Wie oft hatten wir von dort zu dem kecken Gesellen emporgeblickt – jetzt lag er zu unseren Füßen!

Eine kurze Kletterei brachte uns noch auf den ungefähr gleich hohen Mittelgipfel, den wir wie seinen östlichen Nachbarn mit einem großen Steinmann krönten. Der Übergang zum Westgipfel erwies sich als unmöglich. Ein glatter, wohl 60 m tiefer, senkrechter Gratabbruch gebot gebieterisch Halt. Doch erschien uns seine Erreichbarkeit von Norden aus wahrscheinlich.

Eine Stunde ungetrübten Naturgenusses verbrachten wir auf dem schneidigen Gipfel. Keine Wolke ließ sich heute sehen, die Luft war klar bis in die weiteste Ferne. Die Aussicht steht der der Minuta etwas nach; diese selbst schiebt sich allzusehr in den Vordergrund. Doch bietet gerade die wilde Felsscenerie dieses Vordergrundes zusammen mit dem duftigen Blau des Meeres die wirksamsten Gegensätze. Auch der Tiefblick in das Ascothal, in welches unser Gipfel einen steilen, durch riesige Abbrüche gekennzeichneten Grat entsendet, lohnt reichlich die Mühe.

Der Abstieg vollzog sich auf dem nämlichen Weg und bereits um 2 Uhr waren wir wieder bei unserem Gepäck angelangt, das wir auf dem Einstiegsbande zurückgelassen hatten.

Der ganze Nachmittag stand uns noch zur Verfügung. Wir stiegen zum Col Crocetta auf, einem etwa 2300 m hohen Sattel zwischen einem unbenannten Punkt des Hauptkammes und dem Monte Faló. Dieser Sattel soll hier und da von den Hirten als Übergang vom Viro- in das Ercothal benützt werden. Drüben lag in einem kleinen Kar eingebettet der tiefblaue Cintosee; fast senkrecht stürzt die Gipfelpyramide des Monte Faló zu ihm ab. Über den wahrscheinlich noch unbegangenen

Nordgrat hatten wir in kurzer Zeit die Spitze gewonnen, die infolge ihrer weit nach Süden vorgeschobenen Lage einen hervorragenden Orientierungspunkt darstellt. Während der von Calasima leicht zugängliche Südgipfel eine große Steinpyramide trug, schien der etwas höhere Nordgipfel sehr selten betreten zu sein. Einen Glanzpunkt der Aussicht bildet der Blick auf die Punta Minuta und den Capo Larghia, auf den sich unsere Anstiegslinie durch die Südwand genau überblicken ließ.

Erst am späten Nachmittag verließen wir unseren Gipfel. Zum letztenmal überblickten wir mit einem freudigen Gefühl der Befriedigung unser dankbares Arbeitsfeld, das vom Capo al Berdato im Osten bis zur Paglia Orba im Westen vor uns lag und ließen noch einmal die genußreichen Stunden, die wir in diesem Gebiete durchlebt hatten, an unserem geistigen Auge vorüberziehen. Dann aber riefen wir all' unseren stummen Bekannten ringsum ein herzliches „Auf Wiedersehen" zu – und wandten uns thalwärts.

Die letzte Nacht, die wir in der Bergerie de Ballone zubrachten, waren wir allein und ungestört. Am nächsten Tage fand sich zur festgesetzten Frist unser Treiber mit seinem Tier ein. Rucksäcke, Pickel und Apparate wurden aufgeschnallt und langsam ging's das Virothal hinab.

Monte Rotondo, 2622 m. – Punta de la Galiera, ca. 2550 m. Über eine Woche war seither verflossen. Wir hatten Calacuccia verlassen und waren nach einem festen Tagesmarsch über den Col von Manuela und durch den dichten Wald von Aitone an den stillen, tief in die felsige Westküste eingeschnittenen Golf von Porto gelangt. In einem armseligen Bauernhäuschen am Meer hatten wir für einige Tage Unterschlupf gefunden. Porto ist unzweifelhaft der landschaftlich hervorragendste Punkt der Westküste. Die brandende Bucht, die rötlichen, an manchen Stellen über 100 m senkrecht ins Meer fallenden Granitwände, die üppige Vegetation des Südens, die dicht an die Küste tretenden, zerrissenen Gebirgsformen, dazu ein aus dem Grunde der Bucht weit ins Meer vorspringender, ruinengeschmückter Felssporn, das alles vereinigt sich zu einem Bilde märchenhafter Schönheit. Da außerdem erquickende Seebäder für unser körperliches Wohl sorgten, so war es kein Wunder, wenn wir uns lange nicht von diesem bevorzugten Stückchen Erde zu trennen vermochten –, aber die Berge riefen.

Die primitive korsische Diligence hatte uns nach Ajaccio gebracht; von dort führte der Schienenweg über das Gebirge hinüber, und am 24. August abends saßen wir wieder im Hôtel Paoli in Corte.

Reichlich mit Proviant ausgerüstet, galt unser Kriegszug diesmal der Rotondogruppe. Wir hatten vor, denselben auch auf den westlichen, bisher touristisch meistens noch unbesuchten Teil der Gruppe auszudehnen. Allzugroße Sparsamkeit ist meistens unangebracht, auch wenn es sich nur um die Miete eines Maultieres handelt, das sollten wir an jenem Morgen erfahren. Jeder von uns schleppte einen Rucksack von weit über 20 kg und dazu an einem Hochsommertag unter korsischem Himmel. Recht langsam ging's daher aufwärts, das gewundene, dichtbewaldete Restonicathal, in dessen Hintergrund die Felsen des Rotondo grüßten, und oft und gerne wurde am Wege gerastet.

Hinter einem auffallenden, in das hier schluchtartige Thal vorspringenden Felskopfe überschritten wir auf primitiver Steinbrücke die rauschende Restonica und wandten uns dem südlichen, mit hohen Lariccios bestandenen

Thalgehänge zu, wo ein kleiner, schlechter Steig bergan führte. Der Aufstieg zu den Bergeries von Timozzo war mit unseren gewichtigen Rucksäcken ein schweres Stück Arbeit und eine ausgiebige Rast bei den freundlichen Hirten der Bergerie wohl angebracht.

Die Hirtenhütten von Timozzo sind im Gegensatz zu denen der Cintogruppe wahre Paläste, wenn auch noch viel ärmlicher als die kleinste Almhütte unserer Ostalpen. Vor allem gewahrt der überraschte Tourist ein Dach – es war die einzige, wirklich gedeckte Schafhütte, die wir überhaupt angetroffen hatten, – und sein Erstaunen wird noch intensiver, wenn er beim Eintreten in den kleinen Raum den Boden mit Brettern belegt findet. Eigene, große Käseräume, ausgedehnte Ziegenpferche und noch eine größere Anzahl kleinerer, ebenfalls gedeckter Steinhütten vervollständigen die „Alm".

Der größte Teil des Gepäckes blieb hier zurück. Ein steiler, erlenbestandener Hang zog sich zum Karriegel empor, hinter dem der Rotondosee* liegen mußte. Nach 1½stündigem Aufstieg, den uns die unerträgliche Sonnenhitze nicht gerade angenehmer gestaltete, standen wir am See und hatten damit einen ausgedehnten Karboden betreten, in dessen Grunde sich zur Linken das Gipfelmassiv des Monte Rotondo aufbaute. Eine zackige Felsmauer zog sich nach Westen zur Punta de la Galiere[1] hin.

Tiefe Stille ringsum; die kleine Seefläche lag spiegelglatt vor uns. Geräuschlos schritten wir auf moosigem Graspolster dem Nordende des Beckens zu. Der Aufstieg

* 1992: Orientesee.

[1] Zweigpunkt eines nach Norden verlaufenden Seitengrates, auf der Karte weder benannt noch kotiert. Obige Bezeichnung ist bei den Hirten von Timozzo die gebräuchliche.

zum Rotondo führte anfangs über Gras und große Granitfliesen, dann über grobes Getrümmer von gewaltigen Blöcken. Der Gipfelaufbau rückte immer näher. Eine tiefeingeschnittene, kaminartige Rinne leitete von links nach rechts durch den kurzen Wandabbruch; nur an einer Stelle erforderte sie Kletterei, und um 2 1/2 Uhr nachmittags betraten wir den Gipfel, 2625 m.

Der Monte Rotondo ist der bekannteste und besuchteste Berg der Insel, und galt lange Zeit als Kulminationspunkt, bis die Vermessung für den Monte Cinto ein Plus von 85 m ergab. Von Corte leicht erreichbar und im Zentrum der Insel gelegen, war er von jeher viel öfters besucht als sein nördlich gelegener Rivale[2]. Die Aussicht, wenn auch sehr umfassend, steht derjenigen der Gipfel der Cintogruppe in vielen Punkten bedeutend nach. Es fehlen hier fast vollständig die Kontraste, die dort durch die Felswildnis des Vordergrundes, die überraschenden Tiefblicke und die Nähe des Meeres bedingt sind. Die Cintokette selbst präsentiert sich von ihrer ungünstigen Seite, und läßt kaum die Schönheiten vermuten, die sie in der That bietet.

Nach einstündigem Aufenthalt verließen wir den Gipfel, umgingen seinen Westabbruch auf der Südseite, überschritten den Hauptkamm, und wandten uns dann der Punta de la Galiera zu, die uns Aufschluß über den westlichen Teil der Rotondogruppe versprach. Anfangs bereitete uns der Grat einige Schwierigkeiten, später umgingen wir seine Zähne auf der Nordseite und erreichten nach kurzer Kletterei gegen 4 Uhr die verwitterte Gipfelschneide der Punta de la Galiera, ca.

2 Die jährliche Besucherzahl beläuft sich für den Monte Rotondo auf ca. 10–15, für den Monte Cinto auf kaum 8 Touristen.

1899

15. August.

107–108.) Capo Larghia - Ostgipfel (2520 m), I. Erst. – Monte Falò (2549 m), I. Erst. üb. d. N.-Grat.

Begleiter: Kleintjes

Zeiten:

Hte de Ballone ab	5^{55}
Rast in d. Hauptschlucht	6^{30} – 6^{45}
Rast (1950 m)	7^{15} – 7^{25}
Rast (2100 m)	8^{23} – 9^{00}
Einstieg in d. Südwand	9^{30}
Capo Larghia - Ost-gipfel	
a) östl. Grateck	10^{23}
b) [illegible]	11^{00} – 11^{50}
	12^{50} – 1^{05}
	1^{40} – 1^{55}
	2^{03} – 3^{25}
	5^{15}.

1898/99. 8. 41

Der Melo-See in der Rotondo-Gruppe.

2550 m. Die Aussicht nach Westen gewährte, wie wir erwartet hatten, einen guten Einblick in die wilde Karumrandung von Melo*, in deren Mitte, von schroffen Felswänden umgeben, die farbenprächtigen Seen von Melo, Capitello und Rinoso zu uns emporleuchteten.

Die Zeit drängte, die Sonne stand bereits tief im Westen. Morgen in aller Frühe, das stand fest, sollte zur Bergerie von Melo aufgebrochen werden, die einen vorzüglichen Ausgangspunkt für Touren in jenem Gebiet abzugeben schien. Rasch wurde der Abstieg zu einem kleinen, auf der Karte nicht verzeichneten See bewerkstelligt. Die Personalaufnahmen und der Taufakt – wir nannten ihn Lac de la Galiera – erheischten noch einige Minuten Rast, und erst mit Einbruch der Nacht überschritten wir wieder die gastliche Schwelle der Bergerie.

Den Thalschluß von Melo** sahen wir nicht mehr. Ein plötzliches Unwohlsein, das Freund Kleintjes betroffen, vereitelte jede weitere Unternehmung, und da ohnehin die Frist abgelaufen war, die wir uns für Korsika gesetzt hatten, verabschiedeten wir uns von den Hirten, warfen noch einen letzten Blick auf die ferne, wolkenumtürmte Cintokette und schritten dann fürbaß bergab.

Zwei Tage später standen wir wieder, wie vor vier Wochen, auf dem Passagierdeck des „Adriatico“, der sich aber heute langsam mit dem Kurs auf Livorno von der Küste entfernte. Die blauen, langgezogenen, wolkenumlagerten Bergketten wichen mehr und mehr zurück,

* 1992: Bergerie Grotelle.
** 1992: das Tal der Restonica.

und bald waren auch die letzten Umrisse von Korsika in der zitternden, undurchsichtigen Luft des heißen Augusttages verschwunden. – Die Erinnerung aber blieb; darum ein frohes: „Auf Wiedersehen"! unseren korsischen Bergen!

II. HOCHTOUREN AUF KORSIKA 1902

Eine stürmische Nacht ist's. Unsere „Insulaire“ hat harte Arbeit, stampft gegen die Wogen und ächzt in allen Fugen. Endlich um 1 Uhr kommt das große Blinkfeuer von Cap Corse in Sicht, um 3 Uhr passieren wir das kleine, rote Feuer der Marine von Macinaggio und gegen 5 Uhr morgens rasselt unser Anker in den Grund. Eine Stunde später – es ist der 9. Oktober 1902 – betreten wir[3] den Boden von Korsika.

Heute gibt's viel zu tun in Bastia. Den Proviant zwar haben wir schon in Nizza besorgt, ebenso den großen Kochkessel, Beil und Nägel. Doch es fehlt vor allem Brot, Zucker, Mehl, Zündhölzer und vieles andere. Der schöne Tag muß ausgenützt werden. Heute noch – das steht fest – soll im kleinen Dorfe Asco genächtigt und morgen das erste Freilager zu höchst im Stranciaconetal bezogen werden. Maultiere gibt's ohne Zweifel in Ponte alla Leccia.

Langsam pustet der Zug das Golotal hinauf; nachmittags 2 Uhr sind wir am Ziele. Ein kleiner Weiler, dieses Ponte alla Leccia! Hoch aufgeschichtet liegt auf dem Bahnsteig unser Gepäck: Zunächst vier ungeheure Säcke mit Konserven, Brot, Zucker, Mehl, Beil, Stricken und tausend anderen Sachen, dann ein Koffer und eine Kiste für Calacuccia bestimmt, wohin wir nach etwa zwei- bis dreiwöchigen Exkursionen in der Nordkette unser Standquartier verlegen wollen, drei weitere vollgepackte Säcke,

---

[3] Meine Begleiter waren diesmal die Herren Franz Scheck, Otto Schlagintweit und Otto Vollnhals, Freunde vom Akademischen Alpenverein München.

unsere vier Schlafsäcke und endlich die vier gewichtigen Rucksäcke, in denen nebst unserer gewöhnlichen Bergausrüstung noch drei photographische Apparate, drei Höhenmeßbarometer, Bussolen und Kompasse verpackt sind. Alles zusammen wiegt nahezu 250 kg.

Maultiere sind aber nirgends aufzutreiben. Stunde um Stunde verrinnt. Es wird 5 Uhr. Asco liegt an 30 km talaufwärts. Schlechte Saumwege, steil und steinig, führen dorthin. Unter zehn Stunden können wir, so meint der Krämer des Dorfes, nie hinkommen. In Ponte alla Leccia ist keine Unterkunft; wir müssen heute noch das Gehöft Grisoni am Ausgange der Stranciaconeschlucht zu erreichen suchen. Durch Geld und gute Worte ist der Krämer zu bewegen, uns morgen bei Tagesgrauen das Gepäck dorthin auf einem Karren nachzusenden.

Längst ist die Dunkelheit hereingebrochen, als wir das einsame Gehöft erreichen. Die Bäuerin richtet uns ein korsisches Mahl, Zwiebelsuppe, Ölsardinen und zähen Schinken. Auch hier keine Maultiere! Was tun? In Moltifao, eine Stunde bergwärts vom Gehöfte, könnten wir welche bekommen, meint die Bäuerin.

Es ist finstere Nacht, vereinzelte Sterne funkeln am Himmel, als ich um 24 Uhr morgens mit der Laterne nach Moltifao aufbreche. Ein schmutziges, winkeliges Bergdorf im Dämmerlichte des anbrechenden Tages! Doch auch hier keine Maultiere zu finden. Eine kostbare Stunde vergeht. Da erklärt mir nach langem Feilschen ein Bauer, seine beiden Tiere für den heutigen Tag zu vermieten. Also hinab mit Tier und Treiber zum Gehöft, wo ich sehnsüchtig erwartet werde.

Um 8 Uhr ist unsere Karawane marschbereit. Ein stiller sonniger Herbsttag ist angebrochen. Steinig führt der

Pfad bergauf, der Schlucht des Stranciacone zu. Gleich einer Riesenburg mit trotzigen Zinnen und Türmen ragt zur Linken der Capo Traunato. Hochstämmig steht in seinen Schluchten die Lariccio, der Lawinen Gewalt trotzend. Immer mehr nähern sich die Berghänge. Verwittert und ausgewaschen ist der rote Fels. In seinen Spalten wuchert immergrüner Bux und der knorrige Mastixbaum. Klar und hell rieselt das Bergwasser in den Rinnen und Runsen. – Steiler wird der Pfad, langsamer der Gang der Tiere. Wir treten vollends in die Schlucht ein, durch die brausend der Stranciacone sich seinen Weg bahnt. Steile Wände fallen beiderseits ein und in schäumenden Stürzen donnern die Wildbäche zu Tal. Vier Stunden sind wir unterwegs. Da erweitert sich die Schlucht und hoch oben an felsiger Berglehne wird ein Dorf sichtbar – es ist Asco, die letzte Wohnstätte im Tale. Wir rasten. Neugierig umringen uns die Einwohner, neugierig mustern sie auch die Pickel, das Beil und die Säcke. Wir sind wortkarg heute. „Ingenieure oder Holzhändler, die den Wald von Asco ausbeuten wollen," hören wir sagen. Nach einer Stunde brechen wir wieder auf.

Bis hierher ist auch schon früher unser Treiber, ein junger, gefälliger Bursche gekommen. Den Weiterweg kennt er nicht, wir müssen ihn nun selbst suchen. Schlagintweit und ich übernehmen zuerst den Aufklärungsdienst; die Maultiere, eskortiert von Scheck, Vollnhals und dem Treiber, folgen in angemessener Entfernung. Kleine Steinmänner sollten ihnen den einzuschlagenden Weg bezeichnen. Kaum kenntlich führt der Steig talein, andere Steige kreuzen ihn und führen uns mehrfach irre. Stolz erhebt sich vor uns die Pyramide des Capo Bianco. Schon neigt sich die Sonne, und noch befinden wir uns kaum 2 km hinter Asco.

Wieder treten die Berghänge zusammen; hoch oben führt der Steig, unten rauscht in Felsen gezwängt der Fluß. Drüben steht schon dichter Hochwald an den steilen Lehnen. Es ist 4 Uhr – der Herbsttag geht zur Neige. Einige Serpentinen leiten hinab zum felsigen, steilen Uferrand. Der Steig verliert sich zwischen großen Blöcken. Hier ist auf der Karte bei der Kote 805 eine Brücke verzeichnet – doch nur der Rest eines gemauerten Pfeilers ragt aus dem reißenden Fluß. Das Aneroid zeigt 810 m. Wir beschließen, den Flußübergang zu bewerkstelligen und dann jenseits unser Biwak aufzuschlagen. Den Maultieren wird die Last abgenommen; die einzelnen Säcke müssen über steile Granitplatten zum Ufer hinabbefördert werden. Dann entkleiden wir uns; denn der Fluß ist tief und reißend. Vorsichtig wird das Gepäck, nicht ohne Gefahr, hinübergetragen. Emsig arbeitet unser Treiber mit – er findet Gefallen am Abenteuerlichen! Besondere Mühe kostet es jedoch, die Tiere zum Überschreiten des Flusses zu bewegen, was endlich mit manchem „Hü" und „Tsa" gelingt.

Die Dunkelheit ist hereingebrochen. Lustig flackert unser Feuer und wirft grelle Lichter auf die großen Felsblöcke und die schwarzen Kiefern. Unter uns wühlt und rauscht der Bach. – Freund Scheck bereitet uns treffliche Maccaroni mit Parmesankäse, Schinken und Tee vervollständigen das Mahl.

Der 11. Oktober – ein wenig verheißender Tag! Das Barometer ist stark gefallen. Die Nebel hängen tief in den Bergen. Um 6 Uhr brechen wir auf. Schlagintweit und Vollnhals voran mit der genauen Weisung, den Weg, den sie als den besten ausgekundschaftet, uns durch Steindauben kenntlich zu machen. Der Hochwald nimmt uns auf. Ernst und gewaltig ragen rings die Baumriesen; ihre Kronen vereinigen sich zu einem dichten grünen Dach. Eben führt der Pfad unweit des Flusses aufwärts. Steindauben und geknickte Zweige weisen uns den Weg. Nach einer Stunde öffnet sich links ein Seitental. Die Hochwasser haben hier in den Waldbestand eine große Lichtung gerissen. Blockwerk ringsum, dazwischen hoher Adlerfarn; im Hintergrunde nebelumwogte Felsen, die Nordabstürze des Capo al Berdato. Hier steht auch dicht am Wege eine verfallene Hütte, ehemals eine Resinerie zur Gewinnung des Lariccioharzes. Unsere „Eclaireure" rasten am Wege. Scheck und ich übernehmen nun die Führung. Einzelne schwere Tropfen fallen; bald regnet es in Strömen. Eine weitere Stunde vergeht. Der Pfad leitet zuletzt etwas steiler am Flußufer hinauf – nun hört er ganz auf! Wir sind vollständig durchnäßt. Der Karte nach scheinen wir die Kote 1145 erreicht zu haben. Mein Aneroid zeigt 1210 – das schlechte Wetter natürlich! Drüben müssen die Hirtenhütten von Finuselle liegen. Wieder ein Bachübergang. Richtig, dort auf dem Felshang stehen einige offene Steinpferche – wir sind am Ziele.

Doch nun an die Arbeit! Nirgends ein Unterschlupf vor dem strömenden Regen. Wir verstauen das Gepäck unter unser Zelttuch und entlassen den Treiber mit den Tieren. Er läßt sich nicht halten; denn zwei Tage braucht er zurück nach Moltifao, wo er doch gestern abend schon erwartet wurde. Wir bleiben allein zurück. Langsam vergehen die Stunden. Das Wetter wird immer schlechter; unser improvisiertes Zelt hält nicht mehr Stand. Rings um uns brausen die entfesselten Wildbäche. –

Eine kleine niedrige Höhle, längs deren Decke das Wasser herabrinnt, bietet uns für den Nachmittag notdürftig Schutz. Dorthin verbringen wir auch unser Gepäck. Dicht neben uns dröhnen die Wasser eines angeschwollenen Baches. Er führt Blöcke und Baumstämme und vereinigt sich unten mit dem Stranciacone, dessen Brüllen wir bis herauf vernehmen. Auch drüben, jenseits des Baches ist eine Höhle. Sie entpuppt sich als die eigentliche Hirtenbehausung. Ein ungeheurer, überhängender Block ist es, mitten in einer Waldlichtung; davor ist eine Art Mauer aus Granittrümmern aufgeschichtet. Abermals ziehen wir um. Der Bachübergang erheischt beim Unwetter viel Vorsicht. Unser Gepäck bleibt im nunmehrigen „Proviantdepot“ zurück.

Unheimlich ist die Nacht. Der Sturm heult, Stämme krachen, die Wasser donnern. Das Barometer fällt rapid. Unsere Schlafsäcke schwimmen im Wasser, das sich in der Höhle zu einem See angesammelt hat. Der Bach draußen steigt zusehends, was wir von Zeit zu Zeit mit Laternen feststellen.

Der 12. Oktober bricht an. Sturm und Regen auch heute. Scheck und ich gehen mit Beil und Messer an die Holzarbeit. Zwei Hirten, wilde Gesellen, erscheinen völlig durchnäßt. Sie nehmen gerne von unserem Kakao und berichten, daß oben auf der Bergerie von Stagno drei weitere Hirten säßen. Sie bleiben nicht lange und verschwinden bald im Gehölz.

Nachmittags bauen wir einen Herd und ein Vordach aus Rinden über der Höhle. Der Regen hat aufgehört; doch die grauen Wolken jagen über dem Hochwald. Es wird Abend. In unserem Herd flackert lustig das Feuer, darüber hängt der rußige Kessel. Wir treten hinaus. Das Gewölk hat sich geteilt, der Mond ist aufgegangen und zum ersten Male grüßen ernst und feierlich die Hochgipfel Korsikas zu uns herab. Glitzernden Neuschnee haben die letzten Sturmestage auf ihre Häupter geworfen (...)

Es ist der 13. Oktober. Heiter lacht der blaue Himmel. Nur die nassen Felsen, die tropfenden Gräser und der leuchtende Neuschnee dort oben erinnern an das Unwetter der letzten Tage. Um 7 Uhr brechen wir auf, zunächst hinab zum Vereinigungspunkt der Bäche. Es ist der einzige kotierte Punkt ringsum und unsere Aneroide haben eine Korrektion dringend nötig! Beim Brüllen der angeschwollenen Wildbäche stellen wir unsere Instrumente und steigen dann empor durch den hochstämmigen Laricciowald. Schwache Steigspuren weisen uns die Richtung. Eine Stunde aufwärts, dicht über der Baumgrenze, auf freiem Plan in einer Lage, die der schönsten eine ist im ganzen Hochgebirge, steht die Bergerie von Stagno, eine kleine Hütte nur, notdürftig gedeckt, herum einige offene Steinpferche. Drei Hirten treffen wir oben an samt einem alten Weib, das keifend von den Schrecken des Sturmes berichtet. Freundlich werden wir begrüßt; doch rasten wir nicht lange. Wir wollen die Mufrella angehen, um über den Kammverlauf und die Lage der Gipfel in der Nordkette Gewißheit zu erlangen. Zwischen einigen uralten Laricciokiefern schreiten wir aufwärts; mächtige Baumgreise sind's mit knorrigem, weitauslangendem Geäst, die zähe noch aushalten dort oben an der Baumgrenze. Und dann kommt der Fels. Hier trennen wir uns. Die Rinne zur Linken wählen Schlagintweit und Vollnhals – sie vermittelt den kürzesten Weg zum Ziel; wir zwei anderen jedoch schlagen uns zur Rechten, den Punkt 2166 – Capo di Marcia nennen ihn die Hirten – über dessen Südwand zu ersteigen. Oben sollen wir dann zusammentreffen. Ich will den Leser nicht ermüden mit genauem Bericht über Risse, Kamine, Traversen; doch ist der Weg nicht gar einfach und die Kletterschuhe tun uns gute Dienste auf dem glatten, steilen Granit. Oben auf dem Grat wallt dichter Nebel. Wir rufen – sie antworten drüben im Osten. Bald sind wir vereint; ein gewaltiger Steinmann ist's, neben dem wir stehen. Mein Aneroid zeigt genau 2160 m – ohne Zweifel der Capo di Marcia. Der Nebel will nicht weichen. Im Westen von uns taucht jetzt ein Grat auf. Rot ist das Gestein und die Gipfel, die er trägt, fallen senkrecht nach Norden ab. Der Capo Penne Rosse ist der eine, die Punta Petrinaccia der andere. Schneidige Gipfel! Sie verschwinden und wir machen uns auf zur Mufrella, die wir nach einer halben Stunde über den breiten Kamm erreichen. Es wird heller um uns. Endlich kommt Licht und Schatten in das graue Gewoge – die Nebel sinken. Wir stehen auf unserem Felseneiland und blicken über das wallende Wolkenmeer hinüber zu den Hochzinnen der Cintokette. Ein imposanter, einzig schöner Anblick, diese Gipfelreihe in der warmen Beleuchtung der Nachmittagssonne. Doch auch im Südwesten wird's lichter. Dort wieder zwei Gipfel! Nicht gar weit von uns auf dem Hauptkamme, undeutlich noch im Nebel, doch von schroffen Umrissen. Die Punta Stranciacone ist's und der Punkt 2231, für den wir später den Namen Punta di Missodio in Erfahrung bringen. Drüben im Westen, über grell beleuchteten Wolken glitzert und blinkt das Meer. Wir sehen es zum ersten Male wieder, aus luftiger Höhe. Dann steigen wir talwärts. Ein Stündchen plaudern wir noch unten bei den Hirten von Stagno, und hinab geht's durch den dunklen Wald zur Bergerie von Finuselle. Die Nacht ist hereingebrochen, doch der Mond gibt uns das Geleite. Unten treffen wir zwei Hirten an, schwarzbärtig und wild, mit stechenden Augen der eine, ein Kind beinahe noch der andere. Der Raum ist zu klein für alle. Die beiden nächtigen draußen und unterhalten ein loderndes Feuer.

Wieder ist das Barometer gefallen. Schlechte Aussichten für heute. Der Himmel ist trüb. Die beiden Hirten schreiten bergwärts, ihre Ziegen zu suchen. Auch wir brechen auf. Doch wälzen wir schwere Blöcke vor unser „Proviantdepot", stellen einen großen Baumstamm vor den Eingang zu unserer Höhle und merken uns wohl die Lage. Auch auf Stagno oben suchen die Hirten ihre Ziegen. Die Alte ist allein und gafft neugierig, wie wir Thermometer- und Aneroidablesung vornehmen. Dann geht es weiter auf neuen Pfaden, dem Col von Stranciacone zu. Rasch gewinnen wir an Höhe. Oben dicht unter den Ostabstürzen der Punta Stranciacone finden wir einen kleinen See. Wir bestimmen seine Höhe auf 1660 m und nennen ihn Lac de Stranciacone*. Zur Linken auf einem Felsrücken wurzeln die letzten zerzausten und knorrigen Wetterkiefern. Hier halten wir Rast und Umschau. Dort drüben der Capo Larghia! Er ist der schönste Berg in der Runde, ein Doppelgipfel, wie man ihn selten sieht im Gebirge. Der Punta Minuta sind wir zu nahe; sie ist verdeckt durch die Ausläufer ihres Nordgrates. Wir steigen weiter. Valle Rosse nennt die alte Karte diesen Teil des Hochtales. Zur Rechten begleiten uns die Abstürze der Punta Stranciacone und Punta di Missodio. Ein kalter Nordwest empfängt uns oben auf der Kammhöhe. Unten im Kessel von Aghia Minuta brauen die Nebel; auch drüben an den Felsgipfeln der Südwestkette ballen sich die grauen Wolken. Am nächsten ist uns die Punta di Missodio im Norden. Sie gefällt

* 1992: Stagnu.

uns. Nicht sonderlich hoch, aber herausfordernd ist sie; denn kühn ist ihr Aufbau und senkrecht die Wand, die sie im Westen stützt. Wie wär's mit ihrer Ersteigung? Zwar fallen schon einzelne Tropfen und der Wind pfeift – doch man kommt nicht alle Tage hierher in den obersten Boden des Stranciaconetales mitten in Korsika! Wir queren durch widerborstiges, nasses Erlengestrüpp zum Einstieg in die Südostwand. Es regnet. Über nasse, glitscherige Platten geht die Kletterei. Es gilt eine kleine Erlenterrasse in halber Höhe der Wand zu erreichen. Dichte Nebel fallen ein, in den Rinnen und Kaminen rieseln die Wasser. Oben auf der Erlenterrasse haben wir harte Arbeit mit dem nassen Gesträuch. Wir sind froh, als wir wieder festen Fels unter den Füßen haben, wenn auch die Kletterei nicht leicht ist und das Seil zu seinem Rechte kommt. Um 2 Uhr stehen wir auf dem Gipfel – doch unseres Bleibens ist nicht lange; denn der Wind treibt uns Regen und Hagel ins Gesicht. Also hinab! Schlagintweit und Vollnhals voraus; doch sie bedenken törichterweise nicht, daß wir anderen den Proviant in den Rucksäcken bergen. Unter einem kleinen Überhang in der Wand, wohl geschützt vor dem Unwetter, verzehren wir Wurst und Schinken, Käse und Brot. Mit der Schinkenschwarte schmieren wir unsere Stiefel – sie haben's nötig. Unten erfahren es die anderen. Sie schimpfen weidlich und wären wir nicht auf Korsika gewesen, wer weiß, sie wären grollend von hinnen gezogen.

Sturm und Hagel, als wir um 5 Uhr die Bergerie von Stagno betreten! Erstaunt machen uns die Hirten am Feuer Platz. Morgen verlassen sie das Tal – es wird zu kalt, meinen sie. Denn der Korse fürchtet Schnee und Kälte. Uns ist's recht; dann können wir wenigstens umziehen. Ist doch die Hirtenhütte von Stagno weit günstiger gelegen als die Höhle von Finuselle; auch scheint sie etwas regendichter zu sein. Wieder dunkelt es, als wir aufbrechen. Doch waren wir nicht untätig – einen jungen Geisbock haben wir erstanden, um etwas Abwechslung ins Menu zu bringen. Es schüttet in Strömen. Wir verirren uns in der Dunkelheit; denn überall rauschen Gießbäche herab, denen wir noch nicht begegnet. Über Wurzeln, Blockwerk und durch Wald, oft halb im Wasser, stolpernd und stürzend, doch immer mit hochgehobenen Laternen, daß sie uns nicht verlöschen, ziehen wir talwärts, unserer Höhle zu. Heute wundert's mich noch, daß wir den Weg gefunden. Doch wir können nicht herüber über unseren „Höhlenbach" – er ist ein reißender Fluß geworden und die Nacht ist heute doppelt schwarz und finster. Vielleicht geht's weiter oben. Ein langes Brett, das wir unten bei den Pferchen gefunden, schleppen wir mit. Die Wasser brüllen und tosen, daß wir uns nur schreiend verständigen können. Dazu regnet es unaufhörlich. Kaum reicht der Laternen Schein ans andere Ufer. Scheck opfert sich, wird ans Seil gebunden und wagt den Sprung zu einem Block, um den die Gischt schäumt. Er springt zu kurz und stürzt bis zur Brust in den Wildbach. Doch drüben ist er. Nun erleichtern uns Brett und Seil wesentlich die Arbeit. Fast drei Viertelstunden dauert der Übergang. Wir sind alle naß bis auf die Haut. In unserer Höhle ist es grundlos. Endlich brennt das Feuer. Erbswurstsuppe, Tee und Käse gibt's heute abend. Spät erst kriechen wir in unsere Schlafsäcke. Es ist die letzte Nacht auf Finuselle.

Der 15. Oktober – ein schöner Tag! Heute ziehen wir um. Denn jeden Abend über 300 m tiefer abzusteigen als eigentlich nötig, ist doch sicher recht unzweckmäßig. An die Arbeit also! Wir wälzen die schweren Blöcke vom Eingang unseres „Proviantdepots“ – aber o Schrecken: Alle Säcke sind geöffnet, ihr Inhalt durcheinandergewühlt. Also Einbruch und Diebstahl! Natürlich der bärtige Hirte von gestern. Sogar die Schachteln mit den photographischen Platten sind geöffnet. Es fehlt ein Aneroid, eine Bussole, Revolver, Messer, Gabeln und Tabak. Warte Schurke! Doch wir haben ihn nicht erwischt. Der Ausländer ist zu sehr im Nachteil und findet gar keine Unterstützung. Keiner will den Mann gekannt haben.

Derweilen die anderen schwerbepackt sich auf den Weg zur Bergerie von Stagno aufmachen, bleibe ich zurück, den Rest des Gepäckes zu bewachen. Vier Stunden liege ich im Gras. Auf dem Cinto und dem Ciuntrone blendender Neuschnee. Hinter dem Zackenkamm des Capo al Borba lugt neugierig der Capo Larghia-Westgipfel hervor. Punta die Pampanosa nennen ihn die Hirten. Im Norden, dicht über mir, türmen sich die Colonne di Marcia zum blauen Himmel. Um die Mittagszeit kommen die anderen zurück. Lebe wohl, Höhle von Finuselle! Mit dem Rest des Gepäcks beladen schreiten wir langsam aufwärts. Rot erglühen rings die Berge, als wir oben in Stagno anlangen. Ein Kerl sitzt drinnen, bärtig, mit stechenden Augen, genau wie der andere drunten auf Finuselle. Sein Gewehr lehnt neben ihm. Ein Mufflonjäger sei er und komme heute von der Bergerie de Manica drüben am Cinto. Wir sind nicht sonderlich erfreut über den neuen Gast. Eng ist’s; denn knapp fünf Leute haben Platz in der Bergerie. Draußen weht ein kalter Wind; doch die Sterne funkeln prächtig.

Früh um ½ 6 Uhr brechen wir auf. Heute wollen wir dem Westgipfel des Capo Larghia auf den Leib rücken.

Die Morgenröte will uns nicht gefallen. Es gibt sicher Schnee, meint Scheck. Bald nimmt uns der Felsenkessel von Trinbolaccia auf. Wie poliert sind überall die Granitfliesen; denn wir schreiten auf dem Grunde eines großen diluvialen Gletschers. Draußen ziehen sich die mächtigen Seitenmoränen weit hinaus ins Tal. Überall um uns starrt steiler Fels, gegen Süden der imposante Turmbau unseres Gipfels, zur Rechten die Punta Minuta. Ehrfürchtig blicken wir zu den gewaltigen Türmen ihres Nordgrates empor, die gefeit scheinen gegen des Kletterers Ansturm.[4] Oben teilt sich unser Kessel, der westliche Teil bildet ein ungemein düsteres Hochkar. Ein kleines Firnfeld lagert in ihm und jäh baut sich die Nordostwand der Punta Minuta darüber auf. Unser Weg führt uns jedoch in den östlichen Teil des Kessels, der durch den schroff abstürzenden Nordgrat der Punta di Pampanosa von jenem getrennt ist. Zwei Schneefelder lagern übereinander in der Nordwand des Capo Larghia. Vom obersten muß der Zugang zu unserem Gipfel erzwungen werden. Das hatte ich schon vor zwei Jahren mit Freund Kleintjes vom Larghia-Ostgipfel aus ausgekundschaftet. ½ 10 Uhr ist's, als wir den Gipfelaufbau über dessen Ostwand in Angriff nehmen – vergebliche Mühe: die glatten Platten vereiteln jeden Ansturm. Derweilen die anderen ihre Kraft im Kampfe mit der Wand nutzlos verschwenden, haben Schagintweit und ich einen Zugang von der großen Scharte im Gipfelgrat des Larghia entdeckt. Kurz, aber schneidig ist die Kletterei. Um ½ 11 Uhr

[4] Der Punta Minuta-Nordgrat wurde am 20. Mai 1932 durch die beiden Schweizer Walter Risch und Walter Amstutz erstmals überschritten. Eine sehr lange Klettertour IV. Schwierigkeitsgrades.

stehen wir vereint auf dem luftigen Gipfel. Kaum haben wir alle Platz auf der Schneide. Von Westen her jagen die Nebel heran, stoßweise setzt der Sturm ein und ungemütlich wird der Aufenthalt hier oben. Ein Blick noch auf die Paglia Orba, die wie eine Vision aus der anderen Welt über weitem Wolkenmeere thront – dann geht's hinab. Drüben über der Bocca Stranciacone wälzen sich die regenschwangeren Wolkenmassen. Schlechte Aussichten für morgen! Gegen Abend erreichen wir wieder die Hütte. Lange sitzen wir beisammen am Feuer. Ziegenbraten gibt's; doch mundet er nicht sonderlich. Draußen ist es empfindlich kalt – 0°.

Sturm, Hagel und Regen die ganze Nacht. Überall rinnt und tropft das Wasser auf uns herab. Ein elendes Loch doch, diese Bergerie von Stagno. Möge sich der Leser nur ja keine Hütte in unserem Sinn darunter vorstellen. Ein ovaler Steinpferch ist's, einige Bretter und Balken darüber, offen nach allen Seiten, ein kleines Gatterl als Türe, das ist unsere Behausung. Hätten wir nicht unsere trefflichen, gefütterten Schlafsäcke, wir würden nicht so lange oben ausharren. Langsam, kriechend vergehen die Stunden des 17. Oktober. Oben liegt tiefer Neuschnee – wir sehen's, wenn auf Augenblicke sich die Wolken teilen. Vergebens bemühen wir uns, unser primitives Dach regendichter zu machen. Nachmittags wird's etwas lichter. Wir haben kein Holz mehr. Scheck und Schlagintweit gehen auf die Arbeit ins nahe Gehölz. Sie sind fleißig, denn stundenlang hört man die hallenden Beilschläge. So wird's Abend. Wieder gibt es Ziegenbraten, dazu Thee, Cakes und Schokolade.

Eine nette Überraschung am nächsten Morgen! Blendender Neuschnee draußen! 8 cm tief liegt er vor der Hütte. Doch die Sonne scheint und in tiefem Blau wölbt

Die Bergerie von Stagnu im Jahre 1902. 1992 befindet sich hier Haut-Asco mit dem Hotel „Le Chalet", einer Bergsteigerunterkunft, anderen Bauten und einem großen Parkplatz.

1902

19. Oktober — 225.) Punta Stranciacone (2150 m), I. Erst. üb. d. Westwand, I. Abst. üb. d. Südwand.

Begleiter: Scheck, Schlagintweit, Vollnhals.

Zeiten:		
	Hte von Stagno ab	12^{00}
	Scharte westl. d. Stranciacone	1^{45}
	Einstieg zum Kamin (2105)	2^{15}
	Punta Stranciacone	2^{45} – 3^{15}
	Ausstieg	4^{35}
	Hte von Stagno	5^{30}

sich der Himmel über dem winterlichen Hochgebirge. Mit unseren photographischen Apparaten brechen wir um 9 Uhr auf, der Bocca di Stranciacone zu. Unerträglich blendet der Schnee in der Sonne. Sie will es wieder gut machen, was sie versäumt die letzten Tage. Um die Mittagszeit stehen wir auf dem Hauptkamme, zwischen Punta Rossa und Missodio auf einem kleinen Felskopf, dessen Höhe wir auf 2080 m bestimmen. Es ist der schönste Punkt in der Gegend. In mächtigen Wänden baut sich vor uns die Südwestkette auf, beherrscht von der Paglia Orba; rechts von ihr des Capo Tafonato kecke Turmgestalt. Unten dunkler Wald und rauschende Wasser. Weiter draußen felsige Vorgebirge und das glitzernde Meer bis weit zur fernen Wolkenbank am Horizont, über den, deutlich erkennbar, die Ligurischen und die Seealpen im Sonnenglanze strahlen. Dann wieder in nächster Nähe der kühne Felsbau der Punta Missodio und der gewaltige Minuta-Nordgrat. Das sind Kontraste, Hochgebirge und Meer, wie man sie nicht leicht findet wo anders. – Scheck und ich haben viel zu tun mit Photographieren. Die zwei anderen sind's nicht zufrieden, sie wollen noch höher, auf die Punta Rossa*, einmal weil sie noch unerstiegen, dann auch, um den obersten Boden des Kessels von Aghia Minuta auszukundschaften. Eis und Neuschnee erleichtern ihnen nicht gerade die Arbeit. Um 4 Uhr kehren sie zurück und berichten, daß die Scharte zwischen Minuta und Punta Rossa gangbar sei, daß man aber tief unten die Minuta-Westwand umgehen müsse, um über die Bocca Minuta ins Virotal gelangen zu können. Nur ungern verlassen wir unseren Standpunkt. Kalt weht der Wind und graue, nasse Nebel ziehen

* 1992: Pic von Cube

über die Jochhöhe. Abend ist's, da wir die Bergerie erreichen. Schüchtern wagt sich von Zeit zu Zeit der Mond hervor zwischen den hastig eilenden Wolken und gespenstisch gleitet sein fahles Licht über den bleichen Schnee und die schwarzen Laricciokiefern. Hell lodert und prasselt unser Feuer in der Bergerie. Das Thermometer zeigt 2° unter Null.

Ein trüber, kalter Morgen, der des 19. Oktober. Draußen wütet der Sturm, Schnee und Regen vor sich hertreibend. Einen großen Kienstamm schleppen wir in die Bergerie – er soll uns Wärme spenden; wir wollen heute nicht sparen mit Holz. Beinahe wäre uns aber das Dach unserer Hütte dabei verbrannt, der einzige notdürftige Schutz vor dem Unwetter. Doch nicht müßig verbringen wir die langen Stunden. Eifrig wird geflickt und genäht und jeder sucht's dem anderen zuvorzutun an Fleiß und Geschick. Derweilen wir häusliche Arbeiten verrichten, hat sich der Himmel etwas aufgeklärt und mancher helle Sonnenstrahl bahnt sich seinen Weg durchs graue Gewölk. So ist der Tag doch nicht verloren und wir brechen auf, gewappnet und gerüstet, um der Punta Stranciacone zu Leibe zu rücken. Es ist Mittag – spät für den Versuch. Nach einer Stunde schon stehen wir in der Scharte, die tief eingeschnitten ist in den Hauptkamm im Westen unseres Gipfels (2045 m An.). Eine steile Rinne, in der ein mächtiger Block eingeklemmt ist, oben einige schwarze Risse, dies ist der einzige Zugang, den wir von der Punta di Missodio feststellen konnten. Die Arbeit ist nicht leicht. Der obere Riß besonders, ein schwieriger Stemmkamin, erfordert Kraft und Mühe. Gegen 3 Uhr stehen wir auf dem Gipfel (2155 m An.), einer kurzen, schmalen, von West nach Ost verlaufenden Schneide. An der Ostecke die Reste eines großen Steinmanns, – doch schwanken wir lange, ob Menschenhand, ob Verwitterung hier gearbeitet. War's die erstere, so muß der Gipfel bei der Vermessung erstiegen worden sein, doch kaum auf unserem Wege; denn über Stemmkamintechnik haben die Vermessungsbeamten oder die für sie arbeitenden Hirten kaum verfügt. Ein anderer, leichterer Weg führt demnach auf den Gipfel. Wir wollen ihn finden. Inzwischen sind die Nebel wieder eingefallen. Die Punta di Missodio ist nur mehr in ihren eckigen, schroffen Umrissen erkennbar, doch drüben über dem Ascotale thront im blendenden Winterschmuck der Monte Cinto mit seinen Trabanten. Wir brechen auf. Schlagintweit und Vollnhals verschwinden wieder in den senkrechten Rissen der Westwand; denn ihrer wartet unten der zurückgelassene Rucksack. Wir zwei anderen wenden uns nach Osten. Richtig, von der Scharte dort unten führen steile, doch gangbare Schrofen nach Norden gegen die Bergerien von Taita hinab, die vermutliche Route der Erstersteiger. Gen Süden leitet eine tiefe, finstere Schlucht hinunter auf die Blockhalden des Valle Rosse. Ihr vertrauen wir uns an; sie spaltet die Südwand des Berges. Unten müssen wir uns 8 m frei abseilen. Ein kleiner Wasserfall stürzt hier herab und patschnaß erreichen wir den Ausstieg.

Die Dunkelheit bricht herein. Stolpernd und irrend steigen wir hinab zwischen Blöcken und Baumstämmen zur Bergerie. Großer Kriegsrat ist heute abend. Der Proviant geht zur Neige, Brot und Cakes reichen gar nur mehr für einen Tag, auch der Geisbock ist verzehrt. Es wird also Zeit an den Abzug zu denken. Er wird für übermorgen festgesetzt.

Draußen glitzern und funkeln die Sterne. Es wird gutes Wetter morgen!

Noch ist's Zwielicht im Tale, als wir aufbrechen. Doch

drüben im Osten flammt die Morgenröte, den nahen Tag verkündend. Freund Scheck ist heute mein Begleiter, die anderen zwei wollen für den Abzug rüsten. Unsere heutige Bergfahrt gilt der Nordkette. Wir wollen auf dem Hauptkamme vordringen bis zur Punta Gialba* und noch weiter, wenn es geht. Langsam schreiten wir bergwärts, auf bekannten Pfaden zur Mufrella. Im Golde der Morgensonne erglüht rings der Bergeskranz, als wir um ½ 8 Uhr die Kammhöhe erreichen. Weit draußen glänzt das Meer. Unter uns noch im Schatten des Bergzuges das stille Tal von Taita mit seinen dunklen Wäldern und den silbernen Wassern, deren Rauschen leise zu uns empordringt. Auf der Mufrella halten wir Rast, zeichnen und photographieren; denn instruktiv ist die Rundschau. Unten, gegen den Kessel von Spasimata** glänzt der kleine Mufrellasee. Das Mufflon soll dort häufig anzutreffen sein, wie uns der Jäger vor einigen Tagen zu berichten wußte. Wir schreiten weiter auf dem Felsgrat zum Capo di Marcia, dem höchsten Punkt im Hauptzuge der Nordkette. Packend ist der Tiefblick hinunter über die Ostwand zur Bergerie von Finuselle. Immer weiter geht's auf dem Grat nach Norden. Zur Linken sehen wir in eines der verlassensten und düstersten Hochtäler von Korsika, in den Kessel von Spasimata. Steile Wandfluchten, von Schluchten und Kaminen zerrissen und zerfurcht, bilden seine Umrahmung. Wir überschreiten den Capo al Carozzo (2145 m An.) und die Punta Mezzagno (2100 m An.). Dort unten erkennen wir zwischen vereinzelten, großen Laricciokiefern die runden Steinpferche der Carozzo-Bergerie in wilder, großartiger Lage. Mittag

* 1992: Ghialla
** 1992: Bonifatu

ist's, als wir den Gipfel der Punta Gialba (2101 m) betreten. Von seltener Klarheit ist heute der Tag: das leuchtende Meer und die buchtenreiche Küste, zu unseren Füßen wasserdurchrauschte, einsame Waldtäler und gegen Süden die tiefverschneite Kette von der Zackenkrone des Traunato bis hinüber zur Nadel des Tafonato. Über eine Stunde halten wir Rast; dann steigen wir hinab zum Col d'Avartoli. Wie eindrucksvoll in seinen Kontrasten ist doch der Blick in das tiefeingeschnittene Felstal von Troncello und die steile, zerklüftete und zerrissene Südwand der Punta Piciaja (2027 m), die sich scharf und düster abzeichnet von der sonnigen Landschaft draußen und der glitzernden Fläche des Meeres! – Schon neigt sich die Sonne – wir müssen eilen; denn weit noch und beschwerlich ist unser Heimweg. Pfadlos über steile Schrofen, zwischen Erlen, Wacholder und Ginster, durch Blockwerk und Rinnsale geht es abwärts ins Waldtal von Violin*, wo in dichten, herrlichen Beständen noch unberührt und unausgebeutet die Laricciokiefer steht. Eng eingezwängt im felsigen Bette rauscht neben uns der Bach, dessen Lauf wir folgen. Eben geht die Sonne unter hinter dem breiten Rücken des Capo al Carozzo. Langsam und träge steigen die Schatten empor am jenseitigen Berghang und bald dämmert's unten um Talgrund. Rüstig schreiten wir durch den dichten Wald. Bei der einsamen Bergerie von Violin überschreiten wir den Bach. Wir finden einen schmalen Pfad, der am steilen Gehänge hinleitet zwischen mannshohem, dichtem Erikagesträuch. Über den dunklen Wäldern vor uns steigt im Abendgolde des scheidenden Tags des Capo Bianco beschneiter Felsbau mächtig auf. Wir eilen weiter. Kaum

* 1992: Tassineta.

erkennbar senkt sich der Pfad zum Bach. Wir durchwaten ihn – er ist breit und tief. Jenseits geht's weiter durch Wald und über Blockwerk. Da wird's lichter zwischen den Stämmen – wir stehen am Stranciacone. Schnell entkleiden wir uns – der dritte Bachübergang heute! Eisig kalt ist das Wasser. Drüben treffen wir einen leidlichen Waldweg. Er ist uns bekannt. Mit den Maultieren sind wir hier vor zehn Tagen gegangen. Doch dunkel ist's und die ersten Sterne glänzen am Himmel. Wohl eine Stunde steigen wir dicht am Flusse beim spärlichen Schein unserer Laternen bergan. Oben, in der Nähe der Kote 1145, müssen wir zum viertenmal durch den schäumenden Wildbach. Es ist schwarze Nacht; wir erkennen nicht einmal das jenseitige Ufer. Zweimal versuchen wir den Übergang; doch der Fluß ist zu tief und zu reißend. Doch weiter oben geht es. Die schweren Rucksäcke auf den Schultern, in der Rechten den stützenden Pickel, in der Linken die hochgehobene Laterne, bis über die Knie im strömenden, kalten Wasser durchschreiten wir den Bach. Endlich sind wir drüben. Anderthalb Stunden müssen wir noch pfadlos bergauf durch den finsteren Wald, bis wir spät abends anlangen bei den Freunden am Hirtenfeuer von Stagno. Zwei fremde Männer sitzen noch außer ihnen in der Bergerie, Hirten aus dem Ascotale. Sie sind gekommen, ihre übrigen Ziegen und Schweine zu suchen. Schlagintweit und Vollnhals schlafen heute draußen; denn zu eng ist's für sechs im kleinen Raum. Es ist die letzte Nacht heute in der Bergerie. –

Sechs Tage später – wir haben inzwischen über Corte und Calacuccia das ganze Gebirge umgangen – sitzen wir zu dritt auf der Bergerie von Ballone (1480 m An.) zu oberst im Virotale. Freund Schlagintweit hat uns in Calacuccia verlassen. Er ist zur sonnigen Küste geeilt, um erst später wieder mit uns zusammenzutreffen. Wir haben uns gut versorgt diesmal! In den Säcken für zehn Tage Proviant, 12 qm wasserdichtes Tuch, ein neues großes Beil und eine Säge. In Corte haben wir das alles erstanden. Manche Erinnerung wird wach in mir da oben auf der Bergerie. Mit Freund Kleintjes habe ich hier gehaust vor drei Jahren. Schöne Sommertage waren es damals. Jetzt aber ist der Winter im Anzug, kurz und kalt sind die Tage, dazu Schnee und Eis im Gebirge. Wir haben noch Arbeit heute. Unser großes Wachstuch spannen wir über die Hütte; denn Regen, Sturm und Schnee werden nicht lange auf sich warten lassen. Dann gehen wir hinaus in den Wald mit Beil und Säge, Holz zu fällen, bis es Abend wird. Ganz gemütlich ist es in der Bergerie beim lodernden Feuer. Zwar pfeift der Wind durch den Bau, aber wir haben doch mehr Platz als auf Stagno oder gar auf Finuselle.

Im fahlen Dämmerlichte des Morgens brechen wir am 27. Oktober auf. Klar ist heute der Tag. Dem Uccello gilt der Kriegszug und dem Capo Tighietto. Wir steigen in jener Schlucht empor, die wir schon damals zum Aufstieg erkoren, und manche Stelle erkenne ich wieder. An frischer Quelle, oben im Felsenkessel, halten wir kurze Rast. Hier war es, wo wir zum Südgrat emporkletterten – heute lassen wir diesen Scherz; denn nicht der günstigste Weg war's, den wir damals gewählt. $^1/_2$ 10 Uhr – wir stehen auf dem Gipfel, begrüßt von unserem Steinmann, den wir vor drei Jahren gebaut. Er hat sich nicht verändert, selbst unsere Karten, die wir nur flüchtig eingefügt, hat ihm der Sturm noch nicht aus den Zähnen gerissen! Was uns damals die dichten, schweren Nebel, die uns umwallten, versagt hatten – heute sehen wir es:

Es ist der stolze, glatte Felskoloß der Paglia Orba, der ernst und majestätisch auf wuchtigen Graten thront, unnahbar und abweisend. Auch in den Kessel von Tondo blicken wir heute hinab und in den von Aghia Minuta. Es sind Wände da hinunter, wie man sie auch bei uns nur selten sieht im Hochgebirge. Beklemmende, drückende Ruhe dort unten über den einsamen Karen und den dichten, düsteren Wäldern. Wohl erkennen wir deutlich den breiten Bach von Larghia Vecchia, wie er ungestüm hinabeilt ins Tal, doch dringt kein Laut an unser Ohr. Auf dem Monte Cinto lastet noch tiefer Neuschnee, an der Minuta aber und dem Capo Larghia hat ihm die Sonne schon ordentlich zugesetzt und nur mehr an der Nordseite und in den Rinnen und Couloirs hält er sich noch zähe fest. Erwartungsvoll blicken wir hinüber zu unserem Nachbar im Nordosten, zum Capo Tighietto. Ob wohl der Gratübergang ausführbar ist? Wir lassen für heute die Frage offen; zwei mächtige senkrechte Abbrüche im Nordostgrat des Capo Uccello haben uns kein sonderliches Vertrauen zu dieser Tour eingeflößt. So umgehen wir diesen Grat tief unten an der Südseite und erreichen um 1 Uhr den Capo Tighietto (2285 m An.), wo wir uns neben dem Steinmann zur Mittagsrast niederlassen.

Immer wieder blicken wir hinaus nach Westen. In harmonischer Tonabstufung folgen sich die Felskulissen, die Grate und Wandkanten unserer Bergkette bis zum steilen Abfall des Capo Scafone, schweigend ruhen dort unten die Felskare, die Schluchten und die Wälder, und weit draußen glitzert und funkelt das Meer. Wie oft schon haben wir in diesen Bergen Ähnliches geschaut und doch wie neu, wie mächtig ist jedesmal der Eindruck von Meer und Hochgebirge vereint in einem Rahmen.

Gegen 2 Uhr verlassen wir den Gipfel. Den Nordostgrat wählen wir zum Abstieg. Er leitet uns zu einer Scharte, von der wir nun sorglos hinabeilen über leichtes Geschröf in der Richtung unserer Bergerie. Doch zu rasch ist unser Gang. Scheck, unser berggewohnter Freund, strauchelt und verstaucht sich den Fuß. Es ärgert ihn weidlich; haben wir uns doch alle schon gefreut, morgen zusammen den jungfräulichen Tafonato anzugehen. Ganz langsam und bedächtig geht es nun abwärts; denn jeder Schritt im losen Blockwerk verursacht dem Freunde Schmerz und Pein. Dunkel ist's, als wir die Bergerie erreichen. Wir machen es uns bequem im kleinen Raum und bald brodelt und kocht die Suppe im Kessel über dem Feuer. Draußen aber rauscht der Bach sein eintönig Lied und schwarz und finster ragen die Berge zum sternbesäten Himmel.

Der Morgen des 28. Oktober läßt sich nicht übel an. Unten im Tal zwar liegen breit die Nebel; doch der Himmel ist klar. Das Barometer ist aber arg gefallen in der Nacht. Scheck bleibt heute zurück – ihn schmerzt noch der Fuß. Gerne würden wir bei ihm bleiben; doch er überredet uns, den schönen Tag, den letzten vielleicht vor Winterseinzug, nicht untätig zu verbringen – und so ziehen wir fort, Vollnhals und ich, den letzten noch unbetretenen unter den Hauptgipfeln von Korsika zu bezwingen. Mich reizt die Tour auch persönlich in hohem Maße: Es kommt mir vor, als sei der Tafonato noch ein unbeschriebenes Blatt in der Erschließung des korsischen Hochgebirges. Um 6 Uhr brechen wir auf. Langsam ziehen die Morgennebel talein. Dem Col Foggiale* streben wir zu,

* 1992: Bocca di Foghieghiallu

doch nicht oben über der Baumgrenze wie vor drei Jahren – es war ein mühevoller, beschwerlicher Weg damals –, sondern unten auf Umwegen, zuerst das Virotal hinab, dann am Prugnolibache hinauf. Heute sehen wir nichts vom mächtigen Felsbau der Paglia Orba. Wir stecken im Nebel, der immer dichter wird und kälter. Um 9 Uhr stehen wir auf dem Paße. Heulend fegt der Wind über die Blöcke, dichter und dichter wird das Grau um uns – es beginnt zu regnen. Wir wenden uns nordwärts, den obersten Karboden zu gewinnen. Über Schnee, nasse Platten, zwischen riesigen Blöcken, auf Geröll und losem Geschiebe geht es vorwärts, immer nach Norden; denn dort vermuten wir die Felsen des Tafonato. Ein kurzer Lichtblick. – Da, vor uns, kaum sichtbar im Nebel eine steile Felskante. Es ist der Westgrat. ½ 11 Uhr ist's, als die Kletterei beginnt. Nicht leicht ist's, an den nassen Felsen emporzuklimmen; doch unverdrossen streben wir aufwärts – sie soll unser werden heute, die stolze Zinne, trotz Sturm, Nebel und Kälte. Hart ist die Arbeit am Grate; trügerischer Neuschnee bedeckt die Platten, die jäh und unvermutet abstürzen nach Nordwesten ins Valle della Rossa. Anderthalb Stunden mögen verronnen sein, seit wir in die Felsen eingestiegen sind – wir stehen in einer kleinen Gratscharte. Da reißt urplötzlich das graue Gewölk und des Tafonato mächtiger Gipfelturm steht vor uns, eine unheimlich kühne Felsnadel, noch über 100 m hoch über uns aufschießend, glattwandig, unbezwingbar. Sprachlos starren wir das seltsame Felsgebilde an, nur einige Sekunden, dann jagen wieder die Wolken einher, vom Herbststurm gepeitscht, und bald umgibt uns wieder düsteres, lichtloses Grau. –

Es ist ¼ nach 11 Uhr. Wir errichten einen kleinen Steinmann. Keiner verliert ein Wort – der Berg hat sein entschiedenes „Nein“ gesprochen. Ein kleiner Kamin leitet hinab gegen die Südwand. Wie wär’s, wenn wir versuchten, das berühmte Loch des Tafonato von hier aus zu erreichen? Vorsichtig queren wir auf schmalen Bändern in die windgeschützte Südwand, immer in östlicher Richtung. Da öffnet sich plötzlich zur Linken die Wand und wir stehen in dem gewaltigen Felsentor, das der Teufel hier durch den Berg geschlagen. Noch nie habe ich Ähnliches geschaut. Kann die Verwitterung allein solches zu Wege bringen? 30 m in der Breite und wohl 10 m in der Höhe mißt dieses seltsame Loch, über dem der ganze Gipfelbau noch lastet. Jedermann kennt es in Korsika, oder hat davon vernommen. Denn vom Col de Vergio, wie aus dem Fangotal ist es sichtbar und manche Sage hat sich um den merkwürdigen Berg gewoben. Niemand hat bisher das Loch betreten – kein Wunder, daß die unglaublichsten Gerüchte über dessen Größe im Volke kreisen. Selbst der sonst zuverlässige Guide Joanne gibt ihm 150 m im Durchmesser. Sein Boden ist eine einzige, steil geneigte Platte, die etwa 10 m tiefer in die furchtbare Nordwand des Berges abbricht. An der südlichen Öffnung bildet der Rand dieser Platte eine schmale Kante, die über dem unteren Teil der Südwand überhängt und die sich als Verschneidung nach Osten in die Wand hinaus fortsetzt. Ein Stück klettern wir noch hinaus in der Verschneidung und gelangen zu einer kleinen Kanzel, von der sich steil und glatt ein Kamin emporzieht. Sollten wir vielleicht von hier aus den Gipfel überlisten können?

Wir beratschlagen – es ist unheimlich kalt auf dem luftigen Balkone. Da wirbeln weiße Schneeflocken im Nebel und bald bedecken sich die Felsen mit nassem Neuschnee. Zurück also, es ist höchste Zeit! Vollnhals, der noch ein gutes Stück im Kamin emporgeklettert war, berichtet, daß die Gipfelwand oben senkrecht und grifflos sei, daß aber ein Riß zum Grat sich emporziehe. Eilends wird der Rückzug angetreten. Im Tunnel pfeift der Wind, jagen die Nebel und wirbeln die Flocken im tollen Tanz. Viel Vorsicht erheischt im Abstieg der neue Schnee auf den Platten, der teilweise schon unsere sorgfältig ausgelegten Markierungsblätter bedeckt. Glücklich erreichen wir den Ausstieg – es ist 3 Uhr. Schnee und Regen treiben uns heimwärts. Den Tafonato habe ich nicht wiedergesehen. Naß, müde und mißmutig kommen wir abends zu unserer Bergerie. Draußen geht der Herbststurm, prasselt der Regen, dröhnen die Wasser. Scheck war fleißig gewesen. Holz für vier Tage ist hochaufgeschichtet in der Hütte.

Der 29. Oktober bricht an, trüb, kalt und regnerisch. Tief hängen die Nebel an den Wänden und in den Schluchten. Um Mittag beginnt es lustig zu schneien. Ich fühle mich unwohl heute und bleibe im Schlafsack. Das Thermometer zeigt 3° Kälte – es hat keinen Sinn mehr, hier oben auszuharren in Sturm und Wetter.

Am letzten Oktober verlassen wie die Bergerie. Tiefer, blendender Neuschnee lastet im Gebirge, in den Hochtälern schäumen und brausen die Wasser der angeschwollenen Bäche.

Lebt wohl, ihr trotzigen, wolkenumtürmten Gipfel, ihr zackigen Grate! Der Winter ist bei euch eingezogen mit Sturm und Nebel, Eis und Schnee. Wir eilen hinaus an die sonnige Küste, wo in den warmen Tälern der silberne Ölbaum steht, wo die Agave und die Opuntie stachelig wuchern an den Hängen und die myrten- und erikabestandenen Vorgebirge weit hinausragen ins blaue, leuchtende Meer. Herrliche Sommertage durchleben wir noch unter dem lachenden, blauen Novemberhimmel des Südens dort draußen am Gestade des Cap Corse und wie ein Märchen kommt es uns vor, daß wir bereits den Winter durchkostet haben oben im Hochgebirge.

III. OROGRAPHIE UND TOPOGRAPHIE DER CINTO-GRUPPE*

Einheitlich, als ein abgeschlossenes Ganzes ragt aus Korsikas Bergwelt im Nordwesten der Insel die Gruppe des Monte Cinto auf. Im Westen in felsigen Vorgebirgen aus dem Meere unmittelbar aufsteigend, fußt das Gebirge im Norden auf den fruchtbaren Höhen der Balagna, die ihrerseits in sanfterer Abdachung sich zur Nordküste herabsenkt. Reich an Obst, Wein und Öl ist die Balagna; sie gilt als die wohlhabendste Landschaft der Insel. In den nordöstlichen Vorbergen ist der Paß von St. Colombano eingeschnitten. Über ihn tritt die Straße von Corte aus dem Flußgebiet des Golo in die Balagna über; er bildet die Abgrenzung gegen die im Norden der Insel gelegenen Mittelgebirge, als deren höchste Erhebung der Monte Asta (1583 m) breitkuppig zwischen dem Golotale und dem Talbecken des Lumio aufragt. Der Golo selbst begrenzt im Süden und Osten unser Gebirge. Er ist der längste Flußlauf der Insel (75 km). Seine Quellwasser sammelt er im öden Kessel von Tula, einem der einsamsten Hochtäler Korsikas im Süden der Paglia Orba gelegen, und tritt dann durch wasserreiche Zuflüsse vergrößert in das weite Becken des Niolo ein, das er in einer Länge von etwa 13 km durchfließt. Durch eine tiefeingerissene, wohl 10 km lange Schlucht, die Santa Regina, die den bekanntesten Schluchten unserer Alpen an die Seite gestellt wird, bricht er sich nach außen Bahn, strömt dann in lang-

* Nach dem Erkenntnisstand um die Jahrhundertwende 1900.

samerem Laufe gegen Nordosten und ergießt sich südlich des Sumpfgebietes von Biguglia ins Meer. Einer der bedeutendsten Pässe der Insel der Col de Vergio (1464 m), führt im Süden der Gruppe über den Hauptkamm und verbindet das Golotal mit den Flußgebieten der Westküste. Dies die Grenzen der Cinto-Gruppe.

1. Die Südwestkette (Kette der Paglia Orba)

Überschreitet man den Col de Vergio nach Westen, so betritt man einen der schönsten Wälder Korsikas, den Wald von Aitone. Hochstämmig steht dort die Fichte neben der korsischen Laricciokiefer, ausgedehnte Bestände alter Buchen kontrastieren lebhaft durch ihr helles Laub mit dem dunklen Kolorit der Nadelbäume und dichtes Unterholz von Stechpalmen, Adlerfarren, Baumerika und Erlen erschweren demjenigen das Vorwärtskommen, dem es einfällt, abseits der großen Forststraße seine eigenen Wege zu gehen. Aus diesem Walde ragen in den leuchtenden Farben rötlichen Granits die südlichen Eckpfeiler unserer Kette auf, zur Linken der Capo alla Cuculla (2052 m), rechts der Capo le Cricche und in der Mitte le Forcelle (2061 m). Als stattliche Felsbauten erscheinen sie von Süden gesehen, als wollten sie mit Fleiß den vielen Touristen, die alljährlich den Aitonewald besuchen, sich von ihrer besten Seite zeigen. Denn betritt der Wanderer den im Nordwesten dieser Gipfel gelegenen Kessel von Tula, so sieht er öde, steinige Halden bis hoch hinaufziehen, auf denen die Schweine und Schafe der Hirten von Tula und Grandule* ihrer

* 1992: Radule.

kärglichen Nahrung nachgehen. Auch die weiter nördlich gelegenen Gipfel, der Capo di Guagnerola (1952 m) und der Capo alle Giargiole (2103 m), scheinen aus dem Tulakessel leicht erreichbar zu sein, während sie nach Westen in felsigen Flanken in den Forst von Lonca abstürzen. Zweimal hat mich mein Weg in die Nähe jener Gipfel geführt, beidemale verhinderten dichte Nebel jeden Ausblick, so daß ich nur Weniges über diesen abgelegenen Teil der Kette zu sagen vermag. Jedenfalls ist mir von einem touristischen Besuch dieser Gipfel nichts zu Ohren gekommen. Der Capo alle Giargiole entsendet nach Westen zum Stock des Capo alla Madia* (1621 m) einen langen Seitenkamm, erwähnenswert deshalb, weil über ihn der Col de Capronale (1370 m) aus dem obersten Fangotal in den Kessel von Lonca herüberführt. Es soll dieser Übergang eine Tour von hoher landschaftlicher Schönheit sein. Mit der Bocca di Fuggi Gallo**, die zwischen Capo Giargiole und Capo Tafonato eingeschnitten ist, deren Gangbarkeit ich jedoch nicht konstatieren konnte, schließt dieser Abschnitt der Kette im Norden ab.

Es beginnt der zweite Abschnitt der Südwestkette, der wildeste und interessanteste Teil der ganzen Cinto-Gruppe, wie überhaupt des ganzen korsischen Hochgebirges. Gleich nordöstlich der Bocca di Fuggi Gallo steht ein wilder Gesell – es ist der berühmte Capo Tafonato (2343 m), berühmt deshalb, weil ein mächtiges Felsentor mitten durch den Berg geschlagen ist „von der Hand des Teufels", der, wie die Sage geht, aus Ärger über den friedlich auf den Höhen der Balagna pflügen-

* Auf den Karten von heute nicht zu finden!
** 1992: Bocca di Foghieghiallu.

Capu Tafunatu (2335 m), Südwestgipfel, vom Nordostgipfel.

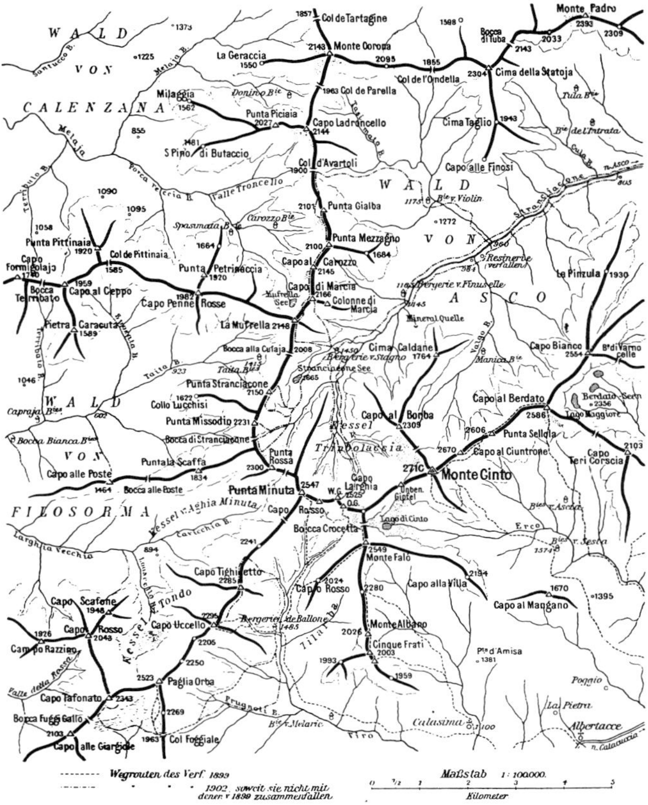

Diese von Felix von Cube gezeichnete Karte des Cinto-Massivs war über Jahrzehnte hinweg die einzige Informationsquelle über den Verlauf der Bergketten und die Lage der Gipfel.

den St. Martinus einen gewaltigen Keulenschlag wider den Berg führte. Groß genug ist das Loch, das er geschlagen, denn es beträgt 30 m in der Breite und 8–12 m in der Höhe. Und über diesem Loch lastet gleich einer ungeheuren Brücke der turmgekrönte Gipfelbau des Berges. Es ist der kühnste Gipfel Korsikas und er erinnert, von Nordosten gesehen, an eine jener kecken Dolomitzinnen, die im Hintergrunde des Vajolettales aufschießend des Wanderers Auge bannen. Drei Grate strahlen von seinem Scheitel aus, ein jeder zersägt und schartig. Nur der Westgrat wurde von uns bis in die Nähe des Gipfelturmes begangen (siehe Seite 117), der Nordgrat streicht hinüber zum Capo Rosso, während der Ostgrat jäh zur Scharte absetzt, die tief zwischen unserem Gipfel und der Beherrscherin der Kette, der Paglia Orba, eingeschnitten ist. In den Kessel von Tondo stürzt der Berg in einer Wand ab, deren Höhe etwa 800 m beträgt, die keine Gliederung aufweist und die wohl nie durchklettert werden dürfte. Es ist eine einzige, große Wandflucht, welche in einer Länge von ca. 2 km des erwähnten Kessels westliche Umrahmung bildet. Ihr entragt der Zweizack des Capo Rosso (2043 m) und der massive Vorbau des Capo Scafone (1948 m), dem ein riesenhafter Granitblock als eigenartiger Gipfelschmuck von der Natur aufs Haupt gesetzt ward. Auch gegen das Valle della Rossa scheint unser Tafonato gut gepanzert zu sein. Nebel verhinderte damals den Tiefblick, doch glatt und steil waren die Wände, die auf jener Seite in das wogende Grau unter uns abbrachen. Die gegen den Tulakessel gerichtete Südwand scheint ihre geringere Höhe durch vermehrte Steilheit ausgleichen zu wollen. In der oberen Hälfte lotrecht, teilweise sogar überhängend, läßt sie erst abwärts des Loches etwas Gliederung erkennen. Der Tafonato ist der einzige unter Korsikas Hauptgipfeln, der noch unerstiegen ist, jedoch steht seine Ersteiglichkeit außer Zweifel, wenn auch der Weg nicht leicht zu finden sein wird. Der Nordgrat bietet die meisten Aussichten.*

Wenden wir uns der Paglia Orba (2523 m) zu. Ein eigenartiger Berg, an Individualität seiner Gipfelform wohl einzig dastehend! Alles ringsum ist ihr untertan bis hinüber zum massigen Stock des Monte Cinto – sie ist die Königin des korsischen Hochgebirges. Wer den Adel ihrer Formen, die Wucht ihres Aufbaues aus nächster Nähe auf sich einwirken lassen will, der ersteige ihres nordöstlichen Trabanten, des Capo Uccello aussichtsreiches Haupt, wenn die trägen Nebelmassen ihren glatten Felsenleib umwogen. Unnahbar, wie aus Erz gegossen, ragt sie in die Wolken, dunkelrot sind ihre granitnen Flanken, die sie hinabsendet in die Hochtäler ringsum. Über 1300 m hoch ist ihre Nordwand, die in den Kessel von Tondo niederbricht; im Westen, wo sie in die Nordostwand des Tafonato übergeht, durchsetzt ein schluchtartiges Eiscouloir, das sich stellenweise zu finsteren Kaminen verengt, den riesigen Wandgürtel. Es mündet in die Scharte zwischen Tafonato und Paglia Orba. Auch aus dem Virotale nimmt sich unser Gipfel stattlich genug aus. Seine Ostwand dürfte nur derjenige mit Ernst auf ihre Ersteiglichkeit hin prüfen, der im Hochgebirge harte Nüsse zu knacken gewohnt ist. Allein nach Südwesten ist die Verteidigung eine ungenügende. Zwar umgibt den Gipfel auch auf dieser Seite ein Wandgürtel, doch ist er niedrig und manche Bresche ist in ihn geschlagen. So erklärt es sich, daß die Paglia Orba bereits bei der im Jahre 1820 erfolgten Landesaufnahme von Vermessungs-

* Der Nordostgipfel wurde 1904 erstmals betreten. Siehe Seite 141.

offizieren erstiegen wurde und daß sie auf der alten französischen Generalstabskarte als trigonometrischer Punkt erster Ordnung verzeichnet ist. Öfters als viermal ist sie seit jener Zeit nicht mehr besucht worden. Die letzten Ersteigungen waren die am 13. August 1899 durch L. L. Kleintjes und den Verfasser*, am 5. Juni 1901 durch W. Flender und Anz. Den günstigsten Aufstieg bietet wohl das von uns im Abstieg begangene Blockcouloir, das etwa in der Mitte des erwähnten Wandgürtels eingerissen ist. Jäh, ohne einen einzigen Absatz bricht der Gipfel nach Nordosten etwa 300 m hoch auf die Fortsetzung des Hauptkammes ab. Es ist jene Kante, die dem Berg von Süden gesehen seine charakteristische Horngestalt verleiht.

Einen längeren Seitenkamm entsendet die Paglia Orba nach Süden. Über ihn führt der Col Foggiale** (1963 m) aus dem Virotal hinüber in den Tulakessel. Als weit in das Talbecken des Golo vorgeschobener, stattlicher Felsgipfel entragt die Punta Castelluccia (2231 m) diesem Kamme.

Mit abenteuerlichen Türmen und Zacken besetzt, streicht der Hauptgrat weiter in nordöstlicher Richtung bis zu einem klotzigen, roten Felsturm. Soll man ihm Rang und Würde eines Gipfels zusprechen? Er ist arg gedrückt von der alles überragenden Paglia Orba und so möge er die Bezeichnung als Punkt 2250, die ihm die französische Generalstabskarte zulegt, auch weiterhin tragen. Doch würde ihm der Name Torre Rosso in Anbetracht seiner Gestalt und Farbe recht gut anstehen. Eine tiefe Scharte trennt ihn von einem weniger auffallenden,

---

* Siehe Seite 75.

** Heute: Bocca di Foghighiallu.

massiven Felsturm, der mit 2205 m auf der französischen Generalstabskarte kotiert ist. Er erscheint als des Torre Rosso nordöstlicher Vorgipfel.

Etwa 2 km von der Paglia Orba entfernt, erhebt als nächster Gipfel der Capo Uccello (2295 m An.) sein edelgeformtes Felsenhaupt, der kulminierende Punkt in dem 5 1/2 km langen Grat Paglia Orba – Punta Minuta. Die Kote 2176, die ihm die französische Messung zuweist, ist sicher fehlerhaft, was ich bereits früher erwähnt habe. Ich fand als Resultat einer ziemlich genauen Barometermessung 2295 m. Zwei scharfe Grate sendet unser Gipfel aus. Der Südgrat wurde in seinem oberen Teile seinerzeit von uns als Anstiegslinie benützt*, der Nordwestgrat, der in einer Höhe von ca. 1200 m unten im Tondokessel ansetzt, dürfte einst eine der interessantesten Klettertouren in Korsika werden. Nach Norden bricht der Gipfel in steilen, plattigen Wänden in ein kleines Hochkar ab, welches durch den Nordwestgrat des Berges vom eigentlichen Tondokessel getrennt ist. Zweimal nur wurde der Capo Uccello bis jetzt betreten, am 12. August 1899 durch L. L. Kleintjes und den Verfasser, und am 27. Oktober 1902 durch F. Scheck, O. Vollnhals und den Verfasser.

Verlassen wir unseren Gipfel, den nun ein über mannshoher Steinmann schmückt, und folgen wir dem Hauptkamme nach Nordosten weiter. Zwei Gratabbrüche zieren unsere Schneide, beide etwa 50 m hoch, beide überhängend. Der zweite ist von der Bergerie de Ballone als gewaltiger, roter Turm deutlich sichtbar. Es stürzt zur Scharte ab, die die tiefste ist zwischen den beiden Gipfeln Uccello und Tighietto. Diese beiden Abbrüche müssen

* Siehe Seite 69.

tief unten auf der Südseite umgangen werden, dagegen ist der letzte Grataufschwung zum Tighietto nicht steil und gut gestuft.

Etwa 1000 m vom Capo Uccello entfernt, entragt als nächster Gipfel dem Kamme die stumpfe Pyramide des Capo Tighietto (2285 m Aneroid). Die alte Landesaufnahme verzeichnet an dieser Stelle einen Capo Saltare. Ich habe diesen Namen nirgends ausfindig machen können. Die neue Generalstabskarte hat ihren Capo Tighietto weit nach Nordosten in die Nähe der Punta Minuta vorgeschoben und ihm die Kote 2241 zugedacht. Dort steht allerdings ein Felskopf, dessen Höhe mit der genannten Kote richtig bezeichnet wäre, dem jedoch eigentlich der Charakter eines selbständigen Gipfels nicht zugesprochen werden kann. Ich nenne deshalb den Capo Saltare der alten Landesaufnahme Capo Tighietto und überweise ihm bis auf weiteres die Höhenkote 2285, die auf einer Barometermessung basiert. Sehr schwer zugänglich ist er nicht, am bequemsten von der Bergerie de Ballone durch jene Schlucht, die aus dem großen, im Süden zwischen Capo Uccello und Tighietto eingelagerten Felskessel gegen die Bergerie herabzieht und die auch für die Besteigung des Uccello als beste Anstiegslinie in Betracht kommt. Die Westwand ist steil und unzugänglich. Ein breiter Felsgrat löst sich nördlich des Gipfels vom Hauptkamme los. Senkt sich steil in das Tal von Larghia Vecchia und endet an der Kote 894. Er trennt die beiden Nordkessel, den von Tondo und den von Aghia Minuta. Oben fanden wir die Reste eines alten Steinmannes. Wer mag ihn wohl errichtet haben, Hirten oder Vermessungsbeamte? Letzteres ist nicht gut anzunehmen; denn sonst wäre der sogenannte Capo Saltare in der Karte von 1824 als trigonometrischer Punkt angegeben.

Und Touristen? Ich glaube nicht, daß jemals ein Tourist vor uns auf jenes Gipfels Haupt gestanden. Weder Tuckett oder Freshfield, noch Compton, Rochat, Montandon, Gabet, Flender haben jemals diesen Teil des korsischen Hochgebirges betreten. So bleibt denn als das Wahrscheinlichste, daß die Hirten von Ballone jenen Steinmann errichtet haben. Unter ihnen wird nämlich die Jagd auf das Mufflon eifrig betrieben. Diesseits des Kammes, meinten sie, würde das Wildschaf selten gesehen, doch jenseits im Kessel von Aghia Minuta äse es ungestört, und oft genug trifft es der Jäger dort an. Da dieser aber zu diesem Zweck den Hauptkamm zu überschreiten hat, so muß angenommen werden, daß bei dieser Gelegenheit unser Berg seinen ersten Besuch empfangen hat. Unter den Hirten, die im Sommer 1899 auf der Bergerie weilten, war keiner auf dem Tighietto gewesen; keiner unter ihnen kannte überhaupt die Berge ringsum.

Nicht gar steil, doch stellenweise mit scharfen Kanten senkt sich der Nordostgrat des Tighietto zu einer Scharte hinab. Wir benützten ihn am 27. Oktober 1902 zum Abstieg und fanden, daß von der Scharte weg gutgestufter Granit, Hänge von mäßiger Neigung zur Bergerie herableiten.

Ein kurzer, roter Grataufschwung, dann eine Reihe wenig einladender Felszähne markieren die nächste Erhebung. Wir haben den Capo Tighietto der französischen Generalstabskarte vor uns, den ich jedoch nicht als selbständigen Gipfel ansprechen möchte. Auf der Kartenskizze findet ihn der Leser mit 2241 m verzeichnet, der Kote, die die französische Generalstabskarte ihrem Capo Tighietto zuweist.

Eine zweite, tiefere Scharte folgt, die tiefste im Gratverlauf der Südwestkette (ca. 2150 m). Leicht gangbare

Felsen leiten zu ihr von der Südseite herauf. Sie ist wichtig; denn sie vermittelt nicht allein den Übergang in den obersten Kessel von Aghia Minuta und damit in den Talgrund von Filosorma, auch ins Ascotal kann man über sie gelangen, wie uns die Hirten von Stagno berichteten. Ich nenne sie Bocca Minuta.

2. Die Ostkette (Kette des Monte Cinto)

Nehmen wir unsere Wanderung längs des Hauptkammes wieder auf. Wir nähern uns dem Zentrum unserer Gruppe, der Punta Minuta (2547 m). Auf ihre große orographische Bedeutung als Ausstrahlungspunkt der drei Hauptketten habe ich bereits früher hingewiesen. In drei Täler blickt sie stolz hinab, überallhin mit rötlichen Granitplatten gut gepanzert. Punta il Portello nennen sie allgemein die Hirten im Ascotale. Sie ist eine imponierende Erscheinung und nimmt in der Reihe der korsischen Hauptgipfel einen bedeutenden Rang ein. Ihre Westwand entsteigt dem Forst von Filosorma, dort wo er hoch hinaufreicht in den Kessel von Aghia Minuta; sie ist steil und sieht nicht sehr vertrauenserweckend aus. Im Virotale fußt die Südwand, die schwächer geneigt und gut gegliedert ist. Durch ihren oberen Teil führt die Route der Erstersteiger. Düster und abweisend ist die Wand, die unser Gipfel in den Kessel von Trinbolaccia hinabsendet. Steile Eisrinnen züngeln an ihr empor von den kleinen Firnflecken im Hochkar. Sie ist flankiert vom Nordgrat, der der gewaltigste und eindrucksvollste ist unter allen Graten des ganzen Gebirges. Stünde er in den Alpen, wahrhaftig, er wäre eines der umworbensten Probleme. Zehn mächtige Türme, mancher unter ihnen ein Gipfel für sich, überbieten sich gegenseitig an Kühnheit der Form. Ihre Überkletterung halte ich in Anbetracht der enormen Steilheit und Glätte der einzelnen Abbrüche beinahe für ausgeschlossen. Die erste Ersteigung der Punta Minuta erfolgte am 14. August 1899 durch L. L. Kleintjes und den Verfasser*. Seitdem ist sie nur mehr von W. Flender und Anz am 4. Juni 1901 betreten worden. – Durch eine scharf eingeschnittene Scharte – Bocca Rossa nenne ich sie – von der Punta Minuta getrennt, erregt ein kleiner, doch ausgeprägter Felsgipfel unser Interesse, der uns im Ascotale allgemein als Capo Rosso bezeichnet wurde. Seine auffallend roten Granitflanken, mit denen er zum Kessel von Trinbolaccia absetzt, rechtfertigen diesen Namen. Er ist noch unbetreten, doch dürften sich seiner Ersteigung keine großen Schwierigkeiten entgegenstellen.

Für die im Westen des Capo Rosso zwischen diesem und dem Capo Larghia gelegene Scharte schlage ich den Namen Bocca di Pampanosa vor. Unmittelbar östlich von ihr ragt der Doppelgipfel des Capo Larghia (2525 m) auf. Auch er ist uns ein alter Bekannter. Doch habe ich dem früher Gesagten** noch einiges hier beizufügen. Der schroffe, turmartige Westgipfel springt weit nach Norden vor und erscheint demnach aus dem Ascotale höher als der Ostgipfel. Der Name Punta di Pampanosa, der im Ascotale allgemein für den Capo Larghia gebraucht wird, bezieht sich also zunächst auf den Westgipfel, während der in der Tat gleichhohe Ostgipfel gleichsam nur als Anhängsel der Punta di Pampanosa betrachtet wird. Umgekehrt ist es im Virotale, wo der Ostgipfel als der bedeutendere erscheint. Erstiegen

* Siehe Seite 79. ** Siehe Seite 82.

wurde der Capo Larghia-Ostgipfel zum erstenmal über dessen Südwand durch L. L. Kleintjes und den Verfasser. Die kurze, aber sehr steile Nordwand dürfte kaum gangbar sein. Die erste Ersteigung des Westgipfels wurde ausgeführt am 16. Oktober 1902 durch F. Scheck, O. Schlagintweit, O. Vollnhals und den Verfasser*. Der Gratübergang vom Ost- zum Westgipfel ist möglich, wenn auch der Abbruch zur großen, rechteckigen Scharte das ganze Können eines guten Kletterers in Anspruch nehmen dürfte** „Probleme“ sind also am Capo Larghia genug noch zu lösen; die Überkletterung des Westgipfel-Nordgrates wäre sicher das vornehmste. Bergheil dem kühnen Mann***! Auch die Westwand wäre nicht übel!

Von einem untergeordneten Punkt im Osten des Capo Larghia löst sich nach Süden ein Seitenkamm los, der im Monte Falo (2549 m) kulminiert. Von diesem strahlen drei Grate aus, nach Südwesten der eine – sein Eckpunkt hat den Namen Capo Rosso (2024 m) – nach Süden der zweite, der den Monte Albano (2026 m) trägt und die Cinque Frati (2003 m) – nach Südosten der dritte, dessen Eckpfeiler auf der alten Generalstabskarte als Capo alla Villa (2194 m) bezeichnet ist.

Als breiter, allmählich ansteigender Felsrücken, beiderseits nicht gar steil abfallend, setzt sich der Hauptkamm nach Osten fort. Südlich ziehen geröllbedeckte Schrofen bis zum kleinen Cintosee herab, während sich nordwärts die Bergflanke gleich einem ungeheuren Dach hinabsenkt, dessen Westkante in Steilwänden zum Kessel

---

* Siehe Seite 106.

** Dieser Übergang gelang Felix von Cube, Franz Scheck und Max Mayerhofer am 24. August 1904.

*** Es waren deren zwei: Der Nordgrat (V und VI–) ist am 1. Juni 1952 durch Eugen Hahn und Hans Kohlhammer erstmals überklettert worden.

von Trimbolaccia abbricht. Man kann diesem Teile des Kammes, der 1 km westlich des Monte Cinto in etwa 2650 m gipfelt, eine gewisse orographische Selbständigkeit nicht absprechen. Eine wenig ausgeprägte Scharte trennt unseren Felskamm von dem granitnen Gipfelbau des Monte Cinto, der mit 2710 m der höchste korsische Gipfel ist. Über ihn und den weiteren Verlauf der Cintokette habe ich bereits früher berichtet und nur weniges nachzutragen. Flender und Anz haben unsere Gratwanderung Capo al Berdato – Monte Cinto in umgekehrter Richtung vom Monte Cinto bis zum Punkt 2606 der französischen Generalstabskarte wiederholt und für den östlich des Monte Cinto aufragenden, von uns am 7. August 1899 erstmalig betretenen Gipfel den Namen Monte Ciuntrone in Erfahrung gebracht, eine Bezeichnung, der sich auch die Hirten des Ascotales allgemein bedienen.* Die beiden Gipfel stürzen nach Norden in etwa 500–600 m hohen Steilwänden in den Kessel von Valgo ab. Gegen das eigentliche Ascotal ist ihnen der zackige Felsrücken des Capo al Borba (Kote 2309 der französischen Generalstabskarte) und die Punta Caldane (Kote 1764 der französischen Generalstabskarte) vorgelagert. Für die oben erwähnte Kote 2606 der französischen Generalstabskarte, einen nicht unbedeutenden Gipfel des Hauptkammes, hat Flender bei den Hirten des Ercotales den Namen Punta Sellola ausfindig gemacht. Die folgenden beiden Gipfel, der Capo al Berdato (2586 m) und der Capo Bianco (2554 m), scheinen auch aus dem Ascotale unschwierig zugänglich zu sein.

* Auf der alten Generalstabskarte trägt der Berg den Namen Capo al Ciontrone. Seine Höhe dürfte ungefähr 2670 m betragen.

3. Die Nordkette

Als Nordkette der Cintogruppe bezeichne ich denjenigen Teil des Hauptkammes, der von der Punta Minuta in nördlicher Richtung verläuft und die Wasserscheide bildet zwischen den Flußgebieten des Fango und der Ficarella (Melaja) einerseits und des Stranciacone anderseits. Da ihre durchschnittliche Gipfelhöhe nur 2150 m beträgt, tritt sie an Bedeutung wesentlich hinter die übrigen Ketten der Gruppe zurück (durchschnittliche Gipfelhöhe der Südwestkette 2380 m, der Ostkette 2600 m). Kein Wunder, daß sie touristisch noch unbetreten war* und daß ihrer Gipfel bei keinem Autor bisher eingehender Erwähnung geschah. (. . .)

Aus der Nordwestwand der Punta Minuta spaltet sich, durch eine tiefe Scharte von ihr getrennt, die Punta Rossa (ca. 2300 m) ab; dies ist der erste Gipfel der Nordkette. Die unmittelbare Nähe der mächtigen Minuta aber nimmt unserem Gipfel viel von seiner Würde weg und stempelt ihn zu einer Erhebung zweiten Ranges (erste Ersteigung durch O. Schlagintweit und O. Vollnhals am 18. Oktober 1902 über den Nordgrat). Nördlich senkt sich der Kamm zu einer breiten Einsattelung herab, aus der ein schwach markierter Felskopf aufragt (2080 m An.), der deshalb der Erwähnung wert erscheint, weil sich von ihm nach Westen der Seitenkamm loslöst, der das Tal von Larghia Vecchia vom Taitatale scheidet. Die nördlich von ihm gelegene tiefste Stelle des Kammes (ca. 2050 m) wurde uns als Bocca Stranciacone

* Nur die südwestlich des Monte Padro gelegene, mit 2033 kotierte Einsenkung, ein Übergang vom Tal der Tartagine ins Ascotal, wurde von E. T. Compton und F. Tukett überschritten.

bezeichnet. Über sie gelangt man vom Ascotal in das Tal von Taita, ein Übergang, der anscheinend von Hirten und Jägern öfters benützt wird. Südlich des Punktes 2080, also zwischen ihm und der Punta Rossa, läßt sich – was touristisch von Wichtigkeit ist – der Übergang in den Kessel von Aghia Minuta ohne Schwierigkeit bewerkstelligen.

Der nächste Gipfel in der Nordkette ist die Punta di Missodio. Mit diesem Namen belegen die Hirten des Ascotales den unmittelbar nördlich der Bocca Stranciacone aufragenden, allseitig in steilen Wänden absetzenden Felsgipfel, den wir auf der französischen Generalstabskarte mit 2231 kotiert finden. Seine Ersteigung erfolgte am 14. Oktober 1902 durch F. Scheck, O. Schlagintweit, O. Vollnhals und den Verfasser über die Südostwand.* Die Süd- und Westseite schien uns unzugänglich zu sein – die Wände sind hier sehr steil und ungegliedert. Nach Westen entsendet unser Gipfel einen ausgeprägten Grat ins Taitatal.

Nicht sonderlich hoch, aber in steilen, glatten Wänden von braunrotem Granit baut sich die doppelgipfelige Punta Stranciacone (2150 m An.) auf, der Punta di Missodia nächster Nachbar im Norden. Auf der alten Landesaufnahme trägt sie den Namen Capo alla Culaja und ist als trigonometrischer Punkt verzeichnet. Im Ascotale, aus dem der Gipfel nur sehr schwer zugänglich ist, vernahmen wir niemals diesen Namen, der allem Anscheine nach im Taitatale der gebräuchliche ist, aus dem auch wahrscheinlich die erste Ersteigung der Punta Stranciacone gelegentlich der Landesvermessung bewerkstelligt wurde. Zu verwundern ist, daß die damals

* Siehe Seite 102.

gefundene Höhe von 2070 m durchaus nicht mit der Wirklichkeit in Einklang steht. Wir fanden auf Grund einer Barometermessung eine Höhe von 2150 m, welche sich durch Anvisieren der übrigen kotierten Punkte als annähernd richtig erwies (. . .).

Der Scheidekamm zwischen dem Tal von Larghia Vecchia und dem Taitatal mit dem Capo alle Poste und der Punta de Scaffa (1834 m) zweigt vom P. 2080 (An.) des Hauptkammes ab. (. . .)

Anfangs als zackiger Grat, in dem ein schlanker Felsturm besonders hervorsticht, dann aber als breiter Felsrücken zieht der Kamm nordwärts bis zum Knotenpunkt La Mufrella (2148 m), von dem einer der bedeutendsten Seitenkämme der Nordkette in westlicher Richtung abzweigt. In steilen Wänden fallen nach Norden die Gipfel dieses Seitenkammes, der Capo Penne Rosse (1982 m), die Punta Petrinaccia, der Capo Meta di Filo (1789 m) und die Punta Pittinaia (1920 m) in den düsteren Kessel von Spasimata ab. La Mufrella ist aus allen drei Tälern ohne Schwierigkeit erreichbar; an ihrem Nordabhang liegt der kleine Mufrellasee (ca. 1950 m).

Folgen wir dem Hauptkamme weiter. Etwa 600 m nordöstlich entragt ihm der P. 2166 der französischen Generalstabskarte, den ein übermannshoher Steinmann (Vermessungszeichen) schmückt; er wird im Ascotale allgemein Capo di Marcia genannt. In steilen Plattenwänden stürzt er nach Süden und Osten ab. Aus seiner Ostwand springen zwei schlanke Türme vor, die uns von den Hirten von Finuselle als Colonne di Marcia bezeichnet wurden. Im weiteren Verlauf der Nordkette sehen wir den Hochgebirgscharakter teilweise verloren gehen. Die breiten Felskuppen des Capo al Carozzo

(2140 m An.) und des Capo Mezzagno (2100 m An.) überragen nur um Weniges die Kammhöhe. Nur die Punta Gialba* (2101 m) verteidigt sich nach drei Seiten durch steilere Wandgürtel. Nördlich der Punta Gialba ist der Col d'Avartoli (1900 m) eingeschnitten, ein Übergang aus dem Valle Troncello ins Violintal. Mit ihm beginnt der nördliche Teil unserer Kette. Der breite Felsbau des Capo Ladroncello (2144 m) sendet nach Westen einen Seitenkamm aus, der die schroffe Punta Piciaia (2027 m) trägt, und der in steilen, von tiefen Schluchten durchrissenen Wänden in das Valle Troncello abbricht. Vom Capo Ladroncello senkt sich der Kamm zur flachen Einsattelung des Col de Petrella (1963 m), um sich jenseits zum nördlichsten, orographisch wichtigen Punkt der Hauptkette, zur geröllbedeckten Kuppe des Monte Corona (2143 m) aufzuschwingen. Die Fortsetzung des Kammes nach Norden mit dem Capo al Dente (1991 m) und der Punta Radiche (2010 m) bietet nur mehr geringes touristisches Interesse. Die ganze nördliche Begrenzung des Ascotales bildet die Kette des Monte Padro, die sich am Monte Corona vom Hauptkamme nach Osten loslöst und im Monte Padro (2396 m) gipfelt, der somit die höchste Erhebung im Bereiche der Nordkette darstellt.

* 1992: Punta Ghialla.

FELIX VON CUBES ERSTBESTEIGUNGEN UND NEUTOUREN AUF KORSIKA IN DEN JAHREN 1899, 1902 und 1904*

5. August 1899	Punta Sellola (2538 m)
5. August 1899	Capu Ciuntrone (2556 m)
6. August 1899	Monte Cinto (2706 m), erster Abstieg über den Nordostgrat
10. August 1899	Cinque Frati, erste Überschreitung des nördlichen Gipfels (2003 m)
12. August 1899	Capu Uccellu (2282 m)
14. August 1899	Punta Minuta (2556 m)
15. August 1899	Capu Larghia, Ostgipfel (2520 m)
15. August 1899	Capu Falu (2540 m), erste Erkletterung des Nordgrats
13. Oktober 1902	Capu di Marcia (2154 m), erste Durchsteigung der Südwand
14. Oktober 1902	Punta Missoghiu (2201 m)
16. Oktober 1902	Capu Larghia, Westgipfel
19. Oktober 1902	Punta Stranciacone (2151 m), erste Durchsteigung der Westwand, erster Abstieg an der Südwand
27. Oktober 1902	Capu Tighiettu (2273 m), erster Abstieg über den Nordostgrat
14. August 1904	Capu Tafunatu, Nordostgipfel (2335 m)
21. August 1904	Capu Uccellu (2282 m), erste Erkletterung des Südgrats
24. August 1904	Capu Rossu (2498 m)
26. August 1904	Capu Tighiettu (2273 m).

* Cubes Begleiter in den korsischen Bergen waren 1899 Leonardus L. Kleintjes, 1902 Franz Scheck, Otto Schlagintweit und Otto Vollnhals, 1904 Max Mayerhofer und Franz Scheck.

CUBE ALS ERSCHLIESSER DER HORNBACHKETTE IN DEN ALLGÄUER ALPEN

Nach Hermann von Barth, Anton Spiehler und Christian Wolff reiht sich – neben den Brüdern Enzensperger und den Wettersteinspezialisten Anton Heinrich und Hans Leberle – auch Felix von Cube unter die namhaften Erschließer der Hornbachkette ein. Fast sämtliche seiner Alpen-Neutouren gelangen Cube in diesem Teil der Allgäuer Berge. Die schwierigsten unternahm er mit Adolf Schulze und Ernst Euringer. Nicht weniger als 20 Erstbegehungen, darunter einige Gipfel-Erstersteigungen, durfte der in München lebende Medizinstudent für sich verbuchen; darunter so anspruchsvolle Unternehmungen wie Östliche Faulewandspitze-Ostgrat (IV), Hermannskarturm-Ostwand (IV) oder Noppenspitze-Südostwand (IV). Cubes kletterische Glanzleistung blieb indes die erste Durchsteigung des Südkamins der Südlichen Wolfebnerspitze. Eine Route, die 1991 mit Schwierigkeitsgrad V im Alpenvereinsführer steht. Am 5. September 1900 – die Hermann-von-Barth-Hütte war knapp drei Wochen vorher eingeweiht worden – glückte Felix von Cube und Adolf Schulze diese anspruchsvolle Tour. Cube schrieb in seiner Monographie über die Hornbachkette:

„Der Kamin, der dem Schmittkamin an der Fünffingerspitze in keiner Weise nachsteht, hat eine Höhe von rund 100 m. Der Einstieg befindet sich unterhalb der Stelle, wo der zur Südostscharte emporziehende, begrünte Schuttkegel in eine Plattenrinne übergeht, nur 25 Minuten von der Hermann-von-Barth-Hütte entfernt. Über einen eingeklemmten Block stemmt man sich

Hermann v. Barth-Hütte des Akademischen Alpenvereins München.

östl. Ilmspitze
"Plattenspitzen"
AAVM-Hütte
Das Wolfebnerkar

zunächst 10 m empor zu einer kurzen, horizontal verlaufenden Schneide. Hier setzt der eigentliche Kamin an. *Senkrecht, mit glatten Wänden, oben durch einen mächtigen, gelben Überhang abgesperrt, spaltet er die ganze Wand von oben bis unten. Der Anblick des Schlundes gleicht genau dem des Schmittkamins von der ‚Kanzel' aus. Einige sehr schwierige, meist wasserüberronnene Stufen sind zunächst zu überwinden. Dann steht man auf einem kleinen Vorsprung an der linken Kaminwand. Es ist der letzte Rastpunkt unter den Überhängen; erst 50 m höher oben folgt der nächste. Zwischen beiden kann man nur in der Stemm- oder Spreizlage Atem schöpfen. Die Erkletterung dieses mittleren Kaminabschnittes ist infolgedessen sehr schwer und anstrengend, umsomehr als die Schwierigkeiten nach oben zunehmen. Besonders der große, gelbe Überhang erfordert sowohl Kraft wie Vorsicht. Da heißt es zuerst im rechten Riß ca. 8–10 m emporspreizen zu einem kleinen Gufel – es ist dies die schwierigste Stelle im ganzen Kamin –, dann eine Traverse auf schmaler Leiste um einen gelben, vorgebauchten Block in den linken moosigen Riß ausführen, der von unten nicht erreichbar ist. Ein kurzer, aber sehr schwerer Überhang nimmt noch unsere ganze Kraft in Anspruch: dann erst erreichen wir den langersehnten Rastpunkt, eine kleine, freie Plattform an der linken Kaminseite. Aber noch sind die Schwierigkeiten nicht zu Ende. Es gilt über eine beinahe griff- und trittlose, stark geneigte Platte die Fortsetzung des Kamins wieder zu gewinnen – eine etwas ungemütliche Stelle, die große Vorsicht erheischt. Einige Meter noch und der Kamin erweitert sich zu einer Geröllschlucht, die in der Scharte zwischen Haupt- und südöstlichem Vorgipfel mündet. Keine Tour im unmittelbaren Bereich der Hermann-von-Barth-Hütte*

Urbeleskarsp.
Noppenspitze
Bretterspitz
Kreuzkarspitze
Gliegerkarsp.
U = Urbeleskar.
K = Kreuzkar.

Marchspitze
Hornbachspitze
Hermannskarsp.
wandsp.
M
S
P
H
A = Hermannskar
S = Spiehlerscharte
P = Tulzscharte
M. = Marchscharte.
Hornbachkette von der Oefnerspitze aus gesehen.

kann sich mit der Besteigung der Südlichen Wolfebnerspitze durch den Südwandkamin messen."

Auf den Gesamtabdruck der erwähnten Monographie wurde verzichtet. Die umfangreiche, für Allgäuer-Alpen-Spezialisten zweifellos hochinteressante Arbeit ist – wie bei Gebietsmonographien bisweilen unvermeidlich – doch ein wenig trocken. Nichtsdestoweniger ist diese Schrift ein alpinhistorisch wichtiges Dokument der Ostalpen-Erschließungsgeschichte.

Felix von Cube fertigte, nachdem die Brüder Enzensperger den Hüttenstandort vorgeschlagen hatten, den Plan für die Hermann-von-Barth-Hütte an, überwachte die Bauarbeiten und legte selbst unter schwierigen Bedingungen Hand an. Am 28. Juli 1900 war das Hüttendach vollständig gedeckt. Am 12. August konnten die Arbeiten für die Inneneinrichtung weitgehend abgeschlossen werden. Am 15. August kamen die geladenen Gäste für die Einweihungsfeier herauf; abends gab es ein festliches Dinner. Am 16. August 1900 schließlich wurde die Hermann-von-Barth-Hütte feierlich eingeweiht.

DIE NEUTOUREN FELIX VON CUBES IN DEN ALPEN

(Schwierigkeitsangaben nach heutiger Bewertung)

ALLGÄUER ALPEN

1. September 1899	Marchspitze, Südgrat (III+)
4. September 1899	Kreuzkarspitze, erster Abstieg über die Nordwand (IV), erste Überschreitung (III)
28. Juli 1900	Östliche Faulewandspitze, Westliche Faulewandspitze, erste Ersteigung aus dem Hermannskar (III)
1. August 1900	Westliche Plattenspitze, erste Ersteigung von der Östlichen Plattenspitze aus (II)
5. August 1900	Hermannskarturm, erste Ersteigung über die Ostwand (IV)
14. August 1900	Sattelkarspitzen, erste Ersteigung (II)
23. August 1900	Südliche Wolfebnerspitze, erste Durchsteigung der Ostwand (III)
23. August 1900	Nördliche Wolfebnerspitze, Übergang von der Südlichen Wolfebnerspitze (II), erster Abstieg über Nordgrat (II)
2. September 1900	Südliche Ilfenspitze, erste Ersteigung aus dem Wolfebnerkar (I)
4. September 1900	Noppenspitze, erster Abstieg über den Nordwestgrat (III)
4. September 1900	Kreuzkarspitze, erste Ersteigung über den Ostgrat (II), erster Abstieg über den Westgrat (III)

5. September 1900	Südliche Wolfebnerspitze, erste Durchkletterung des Südkamins (V)
6. September 1900	Südliche Ilfenspitze, erste Ersteigung über den Südgrat (II)
6. September 1900	Nördliche Ilfenspitze, erste Ersteigung über den Westgrat
25. Juli 1901	Westliche Faulewandspitze, erste Ersteigung über den Westgrat (II)
21. August 1903	Östliche Faulewandspitze, erste Ersteigung über den Ostgrat (IV), erster direkter Gratübergang von der Westlichen Faulewandspitze
23. August 1903	Noppenspitze, erste Durchsteigung der Südostwand (IV), erster Abstieg über den Ostgrat (III)
24. August 1903	Bretterspitze, erster Abstieg über den Westgrat (II)

KAISERGEBIRGE

8. Oktober 1900	Kleine Halt, erster Anstieg aus dem Unteren Scharlinger Boden zur großen Rinne des Westgrats

ANHANG

Die Tagebücher von Felix von Cube

Eine größere Anzahl von Notizbüchern im Taschenformat, in die alle nennenswerten Begebenheiten noch während der Tour oder am gleichen Abend stichwortartig eingetragen wurden, bildeten die Grundlage für die inzwischen berühmten Tagebücher. Sie enthalten wichtige Notizen mit Skizzen und zahlreichen Fotos, die einen hohen historischen Wert für die Geschichte des Alpinismus haben.

Mir, als Bearbeiter dieses Bandes, wurde fast der gesamte alpine Nachlaß von Felix von Cube zur Auswertung und Betreuung übergeben. Wer sollte nun diese wichtigen Unterlagen eines Tages erhalten? Meine Frau Karin machte den einzig richtigen Vorschlag, den gesamten Nachlaß als „Dauerleihgabe der Familie Schymik" dem Deutschen Alpenverein für das Alpinmuseum in Kempten zu übergeben. Dazu zählen außer den bereits genannten Tagebüchern auch die Kamera, die Negativalben „Korsika 1902" und „Korsika 1904" sowie einige Zeichnungen. Im Frühjahr 1990 entschloß ich mich zur Übergabe, damit diese wertvollen Dokumente der an der Bergsteigerei und an Korsika interessierten Nachwelt erhalten bleiben.

Welchen Eindruck diese Tagebücher vermitteln können, geht etwa aus einem Bericht von Hans Barobek (Wien) hervor, der 1971 in Österreich veröffentlicht wurde:

„Dafür gibt es Lichtbilder in Vollendung, korsischen Wandschmuck, korsische Schallplatten, korsische Muscheln, Steine, Netze, wertvolle Ausgrabungsstücke,

Erzählungen über Korsika, Bergschilderungen von den allerletzten korsischen Winkeln, eine Arbeitsstube, die Korsika am Schreibtisch umfaßt und Großphotos im Stiegenaufgang, worauf mir natürlich korsische Gipfel entgegengrüßen.

Und nicht zuletzt sitze ich ergriffen vor den Tagebüchern Felix von Cubes, diesem Erschließer der korsischen Berge um die Jahrhundertwende, die man Hans Schymik zur Verwaltung übergeben hat, und wahrlich, man hätte keinen würdigeren Sachwalter finden können.

Auf jeder Seite diese literarischen Rarität steht am linken Rand das Ersteigungsjahr und der Ersteigungstag, dann wird umfassend die gesamte Bergfahrt mit allen Details und allen Höhenangaben notiert, um schließlich in Einzelheiten überzugehen, die vermerken, welcher Partner mit gewesen ist – oftmals steht aber: allein! – welche Zeiten für die zu erreichenden Punkte erforderlich waren (und die sind minutiös angegeben, z. B. Rast 11 Uhr 20 bis 11 Uhr 40, Sattel 12 Uhr 30, Gipfel 13 Uhr 50, Abstieg 14 Uhr 20), und schließlich lesen wir noch allgemeine Bemerkungen, lesen über das persönliche Wohlbefinden während der Bergtour und lesen über überraschende Ergebnisse. Hie und da sind vergilbte Photos eingestreut und mit wahrer Pedanterie die Routeneinzeichnungen hingestrichelt.“

1898

13. November 74.–75.) Plankenstein (1756 m) – Risser-Kogel (1823 m).

Begleiter: Schraube

1900

5. September 191.) Südl. Wolfebenerspitze (ca 2370 m),

I. Erst. durch den Kamin der Südwand

Begleiter: A. Schulze

Zeiten: Barth.-Hütte ab 12^{40}

Einstieg 1^{20}

Südl. Wolfebenersp. 3^{35} – 4^{00}

Scharte 4^{20}

Hütte 5^{00}.

1900
8. Oktober

196.) Kleine Halt (2113 m), I. Erst. aus d. unteren Scharlingerboden zur großen Rinne.

Begleiter: F. Hilgard

Zeiten:	Hinterbärenbad ab	6^{10}
	Rast	7^{10} – 7^{25}
	Einstieg	8^{10} – 8^{30}
	Unteres Ende der Rinne	1^{00} – 1^{45}
	Kleine Halt	2^{50} – 3^{50}
	Haltplatten	5^{00}
	Ob. Scharlingerboden	6^{30}
	Hinterbärenbad	8^{00}.

1900
10. Oktober 197.) Totenkirchl.

Begleiter: Hilgard

Zeiten:	Hinterbärenbad ab	4^{45}
	Einstieg	6^{30} – 6^{45}
	I. Terrasse	8^{25} – 8^{55}
	Traversen, Rast	9^{45} – 10^{30}
	II. Terrasse	10^{40} – 10^{55}
	Höhle	11^{05} – 11^{20}
	Vorgipfel	11^{50} – 12^{10}
	Totenkirchl	12^{25} – 12^{50}
	III. Terrasse	1^{10} – 1^{35}
	II. Terrasse	2^{20} – 3^{20}

1901

28. Juli   206–208.) Großer Krottenkopf (2657 m) – Südl. Krottenkopfscharte – Obermädelejoch.

Begleiter: allein

Zeiten: Barth.-Hütte ab 7^{45}
Schafscharte 8^{25}
Hermannskarsee 8^{45}–9^{10}
Südl. Krottenkopfscharte 9^{35}
Großer Krottenkopf 10^{05}–10^{20}
Südl. Krottenkopfscharte 10^{30}–10^{35}
Obermädelejoch 11^{00}–11^{10}
Sperrbachtobel-Brücke 11^{45}–11^{50}
Spielmannsau 12^{30}
Oberstdorf 1^{50}.

1903
24. Juni

244.) Elmauer Halt (2344 m), über den Kopftörlgrat.

Begleiter: Mayerhofer

Zeiten: Hinterbärenbad ab 4^{20}
Neustadler Holzriese 5^{15} – 5^{20}
Kopftörl (2060) 7^{15} – 7^{55}
Vorbau des II. Turms 9^{00} – 9^{30}
…150) 9^{35} – 9^{50}
… u. III. Turm 10^{00}
…I. Turm 10^{50} – 11^{10}
… und IV. Turm (2190) 11^{35} – 12^{15}
…70 2^{15} – 2^{45}
… u. V. Turm (2250) 3^{30} – 3^{50}
… und VI. Turm (2280) 4^{10} – 4^{20}
… (2340) 5^{00} – 5^{15}
…lt 5^{30} – 6^{30}
…rl 7^{45} – 8^{00}
…ad 8^{30}.

Cube als Meister mit der Kamera

Während der ersten Korsika-Expedition im Jahre 1899 fotografierte Leonardus L. Kleintjes, doch schon für die zweite Reise hatte sich Cube eine eigene Fotoausrüstung zugelegt. In einem Schreiben vom 12. März 1963 berichtet er, daß er damals eine Kamera von Kodak für Rollfilme (Format 9 cm x 12 cm) dabei hatte. Später wurde sein Fotoapparat zweimal umgebaut, doch das alte Objektiv blieb erhalten.

Die spezielle Optik der Kamera soll in diesem Zusammenhang besonders erwähnt werden. Es war das Zeiss Tessar, das im Jahre 1902 erstmals auf dem Weltmarkt erschien und auch heute noch – neben dem Zeiss Planar – zu den weltbesten Objektiven zählt. Cubes Kamera mit dem Zeiss Tessar aus der allerersten Serie („No. 64516/1: 6,3/F = 136 mm/DRP") wurde 1973 während einer Korsika-Ausstellung der Firma Carl Zeiss in Oberkochen drei Monate lang in einer Vitrine gezeigt. Neben der Kamera lagen Cubes Tagebücher. Im Flur vor dem Auditorium waren an Stellwänden rund 80 Großbilder zum Teil in Farbe, nach Motiven von Hans Schymik angebracht, aber auch das bekannte Foto „Dr. Felix von Cube vor seinem Zelt auf der Bergerie Ballone (Korsika 1904)" – die Titelillustration des vorliegenden Klassiker-Bandes. Weitere Großaufnahmen nach Motiven von Cubes schmücken das Restaurant des Hotels „Le Chalet" in Haut-Asco auf Korsika. Auch sonst wurden und werden seine Aufnahmen immer wieder veröffentlicht. Sie sind augenfälliger Beweis dafür, daß er musterhaft zu fotografieren verstand. Die Negative sind inzwischen fast 90 Jahre alt. Einige haben dadurch gelitten, daß sich der Klebstoff der Pergaminhüllen in den Negativalben

„Korsika 1902“ und „Korsika 1904“ plötzlich auflöste. Der größte Teil der überaus wertvollen Negative konnte auf einfache Art gerettet werden: Sie wurden jeweils zwischen zwei Schreibmaschinenpapierblätter gelegt und kamen dann wieder in die Originalhüllen zurück. Dadurch ist verhindert worden, daß der Klebstoff weitere Negative zerstörte oder beschädigte.

Die in diesem Buch veröffentlichten Aufnahmen Felix von Cubes sind fotografische Dokumente, die auch neben den Fotos eines Vittorio Sella bestehen könnten.

Zu den einzelnen Bildern hat Cube spezielle Hinweise in seine Tagebücher geschrieben. Eindrucksvoll ist die Aufnahme aus dem Café „Ordioni“ in Calacuccia, die dem Betrachter viel von der Stimmung in jener Runde vermittelt. Mit dem Besitzer und Friedensrichter Ordioni bestand ein freundschaftliches Verhältnis. So wird in den Tagebuchnotizen erwähnt, daß man am 25. Oktober 1902 ein Scheibenschießen mit dem Vorderlader von Ordioni durchführte. Die verwendeten Kugeln waren von einem „enormen Kaliber“.

Mit dem berühmten Friedensrichter Ordioni pflegte Felix von Cube ein freundschaftliches Verhältnis. Er und seine Kameraden wurden unter anderem zum Tontaubenschießen mit Ordionis uraltem Vorderlader eingeladen.

Felix von Cube (ganz rechts) mit seinen Kameraden im Café „Ordioni“ in Calacuccia (Hochland von Niolu).

Dorfidylle in Calacuccia, dem größten Dorf des Hochlands von Niolu.

Corte. Rund 50 Jahre vor Felix von Cube war der bekannte Kulturhistoriker Ferdinand Gregorovius längere Zeit auf Korsika. In seinem 1854 erschienenen Buch „Corsica" schrieb er: „Die Zitadelle von Corte ist die Akropolis von Corsica". Die bewegte Geschichte dieser Stadt ist mit der der gesamten Insel eng verbunden. Unter Pasquale Paoli, dem größten Freiheitshelden der Insel, war Corte 15 Jahre hindurch die Hauptstadt Korsikas, als die sie vielen auch heute noch gilt.

Nonza an der Westküste des Cap Corse. Besonders eindrucksvoll ist der Aufstieg zum pisanischen Wachturm, von dem aus man zum 150 Meter tiefer gelegenen Strand hinabblickt.

Aufbruch in Ghisoni. Man hat den Eindruck, nicht auf einer Straße, sondern in einem Steinbruch zu stehen. Heute sind die Straßen des Ortes befestigt. Durch den einst einsamen Ort in den Bergen fahren nun die Autos in Richtung Col de Verde oder nach Corte.

Geologische Studie bei Erbalunga an der Ostküste des Cap Corse.

Die Bergerie Finusellu. Felix von Cube schreibt: „Auf der orographisch rechten Seite des Stranciacone-Tales fand man eine brauchbar erscheinende Unterkunft unter einem Felsblock. Ein zusätzlicher Schutz war durch eine Steinmauer gegeben. Diese Höhle sollte sich als Unterkunft nicht bewähren, weil überall das Regenwasser durchsickerte."
Nach der Rückkehr erlebten die Bergsteiger eine weitere böse Überraschung: Ein Teil ihres Gepäcks war entwendet worden, so daß ein Umzug zur Bergerie von Stagnu notwendig wurde.

Von der Muvrella (La Mufrella) nach Süden:
Im Hintergrund links der Pic von Cube (2247 m) und in der Mitte die Punta Stranciacone (2151 m). Bei gutem Wetter hat man gerade von diesem Gipfel eine eindrucksvolle Rundsicht, vor allem zum mächtigen Cinto-Hauptkamm im Osten sowie in entgegengesetzter Richtung auf die herrlich gelegene Bucht von Calvi und die gesamte Nordwestküste.

Der Doppelgipfel des Capu Larghia (2520 m) im ersten Neuschnee. Dieser Berg wird schwärmerisch als die Perle des Stranciacone-Tales bezeichnet. Von Haut-Asco oder aus dem Kessel von Trimbolacciu imponiert vor allem der Westgipfel mit seinem schwierigen Nordgrat.

Abseilstelle am Capu Larghia. An diesem Berg hatten Felix von Cube und seine Kameraden erhebliche Schwierigkeiten, ehe sie den Ost- und später den Westgipfel erreichten.

Capu Tafunatu und Capu Scafone, gesehen aus dem wildromantischen Kessel von Tondo. Das Hauptlager für die Besteigung war die unter einem Überhang gelegene Bergerie Saltare, die auch nachfolgenden Bergsteigern als Stützpunkt diente.

Kletterei am Gipfelblock des Capu Tafunatu, dessen Erstersteigung der größte Wunsch Felix von Cubes war. Beim zweiten Versuch am 14. August 1904 waren Max Mayerhofer und Franz Scheck seine Begleiter.

Im gewaltigen Felsentor des Capu Tafunatu mit Blickrichtung nach Westen. Wenn von dort die Wolken den Berg erreichen, dringen sie durch das mächtige Loch im Gipfelaufbau nach Osten. Dann sagen die Hirten des Niolu: „Der Capu Tafunatu raucht!“

Vom Melo-See nach Westen zum Hauptkamm zwischen der Punta alle Porte (ganz links) über den Zuckerhut bis zur Punta Capitello.

Im herrlichen Tourengebiet des Rotondo-Massivs. Der Capitello-See (1930 m) mit seiner steilen Westküste (hier vom Südufer aus gesehen), gehört zu den am schönsten gelegenen Bergseen Korsikas.

QUELLENVERZEICHNIS

Persönliche Gespräche mit Dr. Felix von Cube.
Von Cubes Briefe und Tagebücher.
„Zeitschrift des Deutschen und des Österreichischen Alpen-Vereines“ von 1901, 1903 und 1904.
„Zeitschrift des Deutschen Alpenvereins 1938“.
Zeitschrift „Der Bergsteiger“, Heft 3 (1963).
„Mitteilungen des Deutschen Alpenvereins“, 16. Jahrgang, Heft 3 (1964).
Notizen nach Gesprächen mit den Töchtern Alexandra von Cube und Charlotte Azone von Cube (1963/1964 und auch später).
Zeitschrift „der bergkamerad“, 25. Jahrgang, Heft 16 (1964).
Zeitschrift „CORSICA VIVA“, Heft 5 (1964).
„GUIDE des MONTAGNES CORSES“ (Band 1) von Michel Fabrikant (1965) mit einem Vorwort von Dr. Felix von Cube.
„Jahrbuch des Deutschen Alpenvereins 1966“.
Führer „Korsika für Bergsteiger und Kletterer“ von Hans Schymik mit dem Abschnitt „Aus der Erschließungsgeschichte der Berge Korsikas“.

BILDNACHWEIS

Foto gegenüber Innentitel: Hans Schymik.
Alle übrigen Fotos, Kartenskizzen und Zeichnungen stammen von Felix von Cube.
Die Vignette auf Seite 160 zeigt Felix von Cubes Kamera.

BERGNAMEN-, ORTS- UND PERSONENREGISTER

GELEITWORT DES DEUTSCHEN ALPENVEREINS

Felix von Cube hat Korsika bergsteigerisch erschlossen. Er ist ein signifikanter Bergsteiger aus der späten Zeit des klassischen Alpinismus.
Korsika war Anfang unseres Jahrhunderts weit weg und Bergfahrten dorthin hatten fast Expeditionscharakter.
Hans Schymik, ebenfalls ein hervorragender Korsika-Kenner, entstammt der nächsten Bergsteigergeneration. Er erhielt den bergsteigerischen Nachlaß von Felix von Cube. Er verwahrte ihn nicht still, sondern bereitete ihn sorgsam auf und präsentiert hier das Wesentliche.
Dieses Buch zeigt viel Unveröffentlichtes und breitet aus, wie von Cube ein Gebirge durchdrang.
Felix von Cube zählte zum Freundeskreis des Akademischen Alpenvereins München. Sein Wirken ging aber weit darüber hinaus.
Der Deutsche Alpenverein freut sich, diesen Band als Beitrag zur Literatur gleichwie zur Geschichte des Alpinismus herausgeben zu können.
Dem Verein der Freunde und Förderer der Gesellschaft des DAV, insbesondere auch dessen Vorsitzendem, Herrn Dr. Gropper und dessen Schriftführer, Herrn Sedlmair, sei für ihre unentwegte Bemühung in Sachen Klassiker des Alpinismus und für die ständige finanzielle Förderung auch dieses Bandes herzlich gedankt.

Helmuth Zebhauser
DAV-Kulturreferent